Annemarie Strebel

Farben
Kinder des Lichts

Das Wesen des Lichts in der Energie
der Regenbogenfarben für Gesundheit, Wohlbefinden
und spirituelles Wachstum

WINDPFERD

Wichtiger Hinweis: Die in diesem Buch vorgestellten Informationen sind sorgfältig recherchiert und wurden nach bestem Wissen und Gewissen weitergegeben. Dennoch übernehmen Autor und Verlag keinerlei Haftung für Schäden irgendeiner Art, die direkt oder indirekt aus der Anwendung oder Verwendung der Angaben in diesem Buch entstehen. Die Informationen in diesem Buch sind für Interessierte zur Weiterbildung gedacht.

2. Auflage 2002

Lektorat: Sylvia Luetjohann
Herstellung: Schneelöwe, Aitrang

ISBN 3-89385-353-7
Printed in Germany

Inhaltsverzeichnis

Vorwort

Im dunklen Wald boten sich mir zwei Pfade an.
Ich wählte den, der weniger begangen war.
Irgendwann stand ich unter einem wunderschönen, leuchtenden Regenbogen.

Annemarie Strebel

Einleitung

Farben

Während sich fortwährend so vieles wandelt, die Veränderung selbst auf Erden das einzig Beständige ist, sind und bleiben Licht, Farben und Töne unsere ständigen Begleiter, scheinbar unwandelbar umgeben sie uns. Sobald frühmorgens das Licht die Dunkelheit der Nacht auflöst, sind wir farbenergetischen Schwingungsreizen ausgesetzt. Sei dies durch die wunderbaren Erscheinungen der Natur, mit ihrem farbigen Wechselspiel, angefangen vom farbenprächtigen Sonnenauf- und -untergang, bis hin zum farbigen Wechselspiel der Jahreszeiten, oder die farbige Gestaltung unserer individuellen Welt.

Durch unsere Kleidung, Wohnungseinrichtung, Tisch- und Bettwäsche setzen wir uns den verschiedensten farbenergetischen Schwingungsreizen aus. Sogar beim Kauf eines Plüschtieres, eines Staubsaugers, eines Fahrrades oder eines Autos müssen wir uns für eine bestimmte Farbe entscheiden. Ebenso haben die natürlichen Farbenergien der Nahrungsmittel erwiesenermaßen Einfluß auf unser Wohlbefinden. Roman Brantschen hat dazu intensiv geforscht und in seinem Buch „Heilen mit Licht und Farben" *(siehe Literaturhinweise)* veröffentlicht.

Natürlich wird auch in allen Medien, insbesondere in der Werbung das Wissen um die psychologische, bedürfnisfördernde Wirkung der Farben seit langem gezielt und wirkungsvoll eingesetzt. Führend auf dem Gebiet der Farben ist weiterhin der Luzerner Psychologe Dr. Max Lüscher, der durch den von ihm entwickelten Lüscher-Farbtest weltweit bekannt wurde.

Soll ein Produkt beispielsweise das Gefühl der Sicherheit auslösen oder vermitteln, wird es vorzugsweise in dunklen Blautönen verpackt. Will man Süßigkeiten gut verkaufen, wählen die Verkaufsstrategen eine rote, rosafarbene oder blaue Verpackung, aber keine grüne, da Grün keine Lust auf Süßes auslöst. Testen Sie selbst: Bei bunt verpacktem Konfekt wird das grün verpackte meist zuletzt gewählt.

Waschpulver in gelb-blauer – allenfalls in weiß-rot-grüner Verpackung – wird von den Käufern bevorzugt. In gelber Verpackung empfinden die Kunden dasselbe Waschpulver als zu aggressiv.

Ein weiteres Beispiel psychologischer Farbwirkung sind Kaffeetassen: Kaffee in einer braunen Tasse wirkt auf den Konsumenten zu stark, im blauen Gefäß zu mild, im roten zu üppig. Bevorzugt wird Kaffee nach wie vor in einer weißen Tasse.

Die effektive energetische Wirkung der einzelnen Farben können Sie auch mit Pflanzen testen. Pflanzen in einem blauen Gefäß wachsen, durch die energievermindernde und keimreduzierende Wirkung von Blau, zwar langsam und tragen eher kleine Früchte, doch die Pflanzen selbst sind äußerst gesund und resistent gegen Schädlinge. Die Früchte sind von vorzüglichem Aroma. Gartenpflanzen, mit blauer Folie abgedeckt, werden weniger von Blattläusen befallen. Die keimtötende Wirkung von Blau hat auch die Firma Tupperware, mit ihren blauen Frischhaltedosen, entdeckt. Teilen wir einen frischen Blumenstrauß in eine rote und in eine blaue Vase auf, werden wir staunen, wieviel länger die Blumen in der blauen Vase frisch bleiben.

Der bewußten Nutzung von Farbenergien – äußerlich wie mental angewandt – bedienen sich seit Jahren viele erfolgreiche Sportler, vor allem Skisportler.

Es sollte, gerade in der heutigen Zeit, wieder selbstverständlich sein, daß sich insbesondere Lehrkräfte und Schüler mit den

Wirkungsweisen der verschiedenen Farbenergien auseinandersetzen, um diese bewußt im Alltag zum persönlichen Wohlbefinden einsetzen zu können.

Was sind Farben eigentlich?

Rein wissenschaftlich entsprechen Farben *nur* einem Phänomen der Natur. Sie sind also nichts Wirkliches, Greifbares, sondern Reaktionen beziehungsweise Produktionen unseres Gehirns, die aufgrund spezieller energetischer Wellenlängen und Schwingungsfrequenzen zustande kommen. Zudem kann jede Farbe ausschließlich im Zusammenwirken mit dem Licht, das acht Minuten zuvor die Sonne verlassen hat, von unserem Gehirn registriert werden.

Was läuft in unserem Gehirn ab, damit wir Farben wahrnehmen können? – Interessanterweise bereitet es den meisten Menschen viel weniger Mühe, sich vorzustellen, was in unserem Organismus abläuft, um akustische Signale wahrzunehmen. Jeder weiß, daß Töne meßbare, energetische Schwingungsreize sind, die unsere Ohren erreichen und die Trommelfelle zum Vibrieren bringen. Über das Innenohr werden diese Schwingungsreize an das Gehirn weitergegeben und im Hörzentrum zu Sinnesreizen angenehmer oder unangenehmer, lauter oder leiser Art verarbeitet, die durch den gesamten Körper geleitet werden.

Mit den Farben verhält es sich ähnlich. Nur erreichen uns diese energetischen Schwingungsreize über ein anderes Sinnesorgan, nämlich über die Augen. Das heißt, eine bestimmte meßbare Schwingungsfrequenz erreicht die Netzhaut (Retina). Die Netzhaut überträgt diesen Schwingungsreiz an die Lichtdrüse* im Gehirn weiter.

---

* Epiphyse, eine 1,2 Gramm leichte, erbsenkleine, aber unwahrscheinlich wichtige Drüse

In Zusammenarbeit mit weiteren Gehirnsteuerungsorganen (Hypophyse und Hypothalamus) wird – in Lichtgeschwindigkeit – dann im Sehzentrum ausgemacht, ob es sich bei der über das Auge erhaltenen Schwingungsfrequenz um Licht oder allenfalls um Farbe handelt. Und mit derselben unwahrscheinlichen Geschwindigkeit wird dieser energetische Impuls in eine Sinneswahrnehmung angenehmer oder unangenehmer Art umgewandelt und mittels Nervenreizleitungen bis in die äußerste Zelle des Körpers weitergeleitet.

Erhält beispielsweise die Epiphyse über die Augen einen Impuls von 1000 Lux*, so kann die Epiphyse den Sinnesreiz Licht ausmachen. Licht wiederum entspricht der Grundenergienahrung jeder Pflanze und jedes Lebewesens auf unserem Planeten. Leben ohne Licht ist unmöglich.

Der Wichtigkeit wegen möchte ich kurz auf das Kunstlicht zu sprechen kommen. Übliches Kunstlicht kann in unserem Gehirn allerhöchstens einen energetischen Schwingungsreiz von 50–100 Lux auslösen. Wie ich bereits erwähnte, braucht die Lichtdrüse aber einen Schwingungsreiz von 1000 Lux, um im Gehirn den Impuls „Licht vorhanden“ auszulösen. Das heißt, das Gehirn eines Menschen, der sich auch tagsüber unter Kunstlicht aufhalten muß, kann an dessen gesamten Organismus die Botschaft: „Licht vorhanden“ nicht aussenden. Der Körper, der auf den Lichtimpuls als Ausdruck reiner Lebensenergie aufs dringendste angewiesen ist, reagiert unmittelbar. Er verlangsamt, durch den nicht ausgelösten Energieimpuls, unweigerlich alle Körper- und Organfunktionen, um möglichst sparsam mit der noch vorhandenen Energie umzugehen.

---

* 1 Lux entspricht der Leuchtkraft eines Leuchtkörpers auf einen Meter Entfernung. Der Mond hat 0,2 Lux

Hieraus wird leicht verständlich, daß es nur einer logischen Folgerung entspricht, weshalb die meisten unter Kunstlicht arbeitenden Menschen schon bald über Müdigkeit, Unlustgefühle, Schlaf- und Stoffwechselprobleme, Sehstörungen, Kopfschmerzen und depressive Verstimmungen klagen. Unter Hochnebel, der uns innerhalb weniger Tage aufs Gemüt schlägt, sind wir sogar noch von 1500 Lux umgeben. Ohne Nebel würden wir zur gleichen Zeit mit 100.000 bis 150.000 Lux beschienen. Die bekannte Lichttherapie gegen die durch Lichtmangel ausgelöste Winterdepression wird zumeist mit 10.000 Lux-Lampen durchgeführt.

Das Tageslicht entspricht unserer energetischen Grundversorgung, und die durch das Licht sichtbar gewordenen Farben entsprechen der individuellen Zusatznahrung, die jeder Mensch, ebenso individuell, zum Gesundbleiben braucht.

Über ihre spezifische Schwingungsfrequenz üben Farben einen mächtigen Einfluß auf uns aus – und zwar unabhängig davon, ob wir uns dessen bewußt sind oder nicht.Das Wissen um die Heilkraft der Farben ist uralt. Bereits 2000 Jahre vor Christus ließen die Priester und Schamanen Ägyptens den Tempel zu Barsippa erbauen. Dieser Tempel hatte sieben runde Stockwerke in sieben verschiedenen Farben. Zusätzlich war jedes der sieben Stockwerke einem der sieben Hauptplaneten zugeordnet. In diesem Tempel wurden die verschiedensten Krankheiten mittels der entsprechenden Farbenergien geheilt. Fieberkranke Menschen beispielsweise wurden bereits damals in blaue Tücher eingewickelt und im blauen Stockwerk in einen blauen Raum gelegt. Das Wissen um die gezielte Heilanwendung der Farben wurde von den Priestern streng geheimgehalten und ging aus diesem Grund beinahe verloren. Im alten Griechenland waren die Farben nur noch Gegenstand der Wissenschaft.

In unseren Breitengraden haben wir es vorwiegend Paracelsus (1493 – 1541) zu verdanken, daß uns ein Teil des Wissens um die Wirkung und Heilkraft der Farben erhalten blieb beziehungsweise wieder zugänglich wurde.

Später kam Johann Wolfgang von Goethe (1749 – 1832) mit seiner heute noch gültigen Farbenlehre dazu. Goethes Farbenlehre geht vom chemischen Aspekt der Farben, von der Flächenfarbe* aus.

Die anthroposophische Farbbetrachtung der Rudolf-Steiner-Schulen bezieht sich auf Goethes Farbenlehre. In diesen ganzheitlich orientierten Schulen werden die Farben in den verschieden Schulzimmern gezielt, gemäß dem psychologischen Hauptanliegen des entsprechenden Alters der jeweiligen Schüler eingesetzt. Meiner Erfahrung gemäß ist es aber – durch die ausgeprägten, individuellen Unterschiede gleichaltriger Schüler – sinnvoller, alle sieben Farben visuell zugänglich zu machen. Dadurch wird sich das Auge des einzelnen Kindes bewußt oder unbewußt die im Augenblick notwendige und wohltuende Farbenergie holen.

Zu diesem Zweck eignen sich vorzüglich auf Seide gemalte Regenbogen-Spiralen. Einerseits wirkt sich bereits die visuelle Verfolgung der Spiralbewegung förderlich auf die Kinder aus und andererseits holt sich der Betrachter übers Auge auch die Farbenergien, die er sonst nicht beachten würde.

Um die Kraft der Farben bewußt einsetzen und nutzen zu lernen, ist es wichtig zu wissen, daß das Phänomen Farbe in drei grundsätzliche Aspekte unterteilt ist: Wahrnehmung, Chemie und Physik.

---

* nach Pawlik, Theorie der Farbe: chemische Farbe = Oberflächenfarbe; physische Farbe = Flächen- und Raumfarbe; die Pigmentfarbe

Die *Wahrnehmung* bedeutet vereinfacht erläutert: Betrachten wir eine Blume, können wir ausschließlich nur diejenige Farbenergie wahrnehmen, welche die Blume selbst nicht aufgenommen, nicht gebraucht hat. Alle anderen Farbenergien hat die Blume für ihr eigenes Wachstum und Wohlbefinden absorbiert.

Der *chemische* Aspekt der Farben ist uns durch den bereits erwähnten Begriff der Flächenfarbe bekannt, das heißt, alles Farbige, das mit gegenständlicher Farbe gemalt ist. Flächenfarbe besteht aus verschiedensten Pigmenten und chemischen Verbindungen. Das Wichtigste beim chemischen Aspekt der Farben ist, daß jede Flächenfarbe erst durch die Einwirkung des Lichtes sicht- und nutzbar wird. Keine einzige Flächenfarbe ist in der Dunkelheit sichtbar. Erst mittels Einwirkung des Lichts kann die spezifische Farbenergie abgegeben und voll genutzt werden.

Aus therapeutischer Sicht bedeutet dies folgendes: Wollen wir uns über die Kleidung eine bestimmte Farbenergie zuführen, muß das Kleidungsstück mit dem Tageslicht in Berührung kommen. Auch gilt es, gleichfarbige Kleidungsstücke übereinander zu tragen, da ansonsten der Mischfarbeneffekt wirksam wird (zum Beispiel eine blaue Bluse und darüber eine blaue Jacke). Natürlich ist die Grundschwingung der Unterwäsche oder des Leintuchs auch in der Dunkelheit vorhanden. Aber um die volle Wirksamkeit der jeweiligen Farbenergie über die Flächenfarbe auszuschöpfen, ist der Einfluß des Lichtes notwendig.

Bei den Flächenfarben haben wir die *drei* Grundfarben: *Rot, Gelb und Blau.* Aus diesen drei Farben entstehen alle anderen Farben. Es lassen sich mannigfaltige Farbtöne herstellen. Mischen wir die drei Grundfarben und die daraus entstehenden Mischfarben (Orange, Grün, Violett) zu gleichen Teilen, erhalten wir Schwarz.

Der dritte und für uns wichtigste Aspekt der Farben ist der physikalische. *Physikalisch* besteht Farbe aus Licht. Hier gelten andere Grundfarben: Rotlicht, Grünlicht und Blauviolettlicht.

Mischen wir rotes mit grünem Licht, erhalten wir erstaunlicherweise gelbes Licht.Mischen wir grünes mit blauviolettem Licht, sehen wir helltürkises Licht. Mischen wir blauviolettes und rotes Licht, erhalten wir magentafarbenes Licht (blauviolettes Pink, als Flächenfarbe z. B. in der Katholischen Kirche verwendet). Die Farbe Magenta ist die stärkste für unser Auge sichtbare Farbenergie. UV-Licht gemischt mit Infrarotlicht läßt Magentalicht sichtbar werden. Richten wir vier Prismen aufeinander, ist es möglich, im Zentrum Magenta sichtbar zu machen. Im Regenbogenspektrum selbst erscheint Magenta nicht.

Mischen wir alle Lichtfarben zu gleichen Teilen, erhalten wir wieder reines weißes Licht. Dies ist der große und entscheidende Unterschied zwischen chemischem und physikalischem Aspekt. Es war der englische Physiker Isaak Newton (1643–1727), der als erster die physikalische Beschaffenheit des Lichts erforschte. Newton entdeckte, daß reines weißes Licht, also Sonnenlicht beziehungsweise Tageslicht, beim Durchgang durch ein Prisma in sieben unterschiedlichen leuchtenden Farben erscheint, wie wir dies vom Regenbogen her kennen. Newtons weitere Forschungen ergaben, daß jede dieser sieben Farben eine eigene Wellenlänge, gemessen in Nanometern und eine eigene Schwingungsfrequenz, gemessen in Hertz aufweist (1nm = 1 Milliardstel Meter; 1 Hz = 1 Schwingung pro Sekunde). Anhand der nachfolgenden Abb. auf Seite 14 kann man das deutlich nachvollziehen.

Um uns die Begriffe Wellenlänge und Schwingungsfrequenzen besser vorstellen zu können, vorab einige Beispiele:

Betrachten wir den Wellengang des Meeres, fällt sofort auf, daß eine hohe Welle eine zwar kurze Wellenlänge aufweist, dafür aber über eine viel stärkere Schwingungsfrequenz verfügt, also viel mehr Kraft in sich birgt, als eine niedere, lange Welle, die weniger Kraft hat – eine geringe Schwingungsfrequenz aufweist –, dafür aber über eine längere Wellenlänge verfügt.

Die Wellenlängen
der sieben Regenbogenfarben – in Nanometern (nm)

ROT hat den längsten Weg
VIOLETT den kürzesten Weg

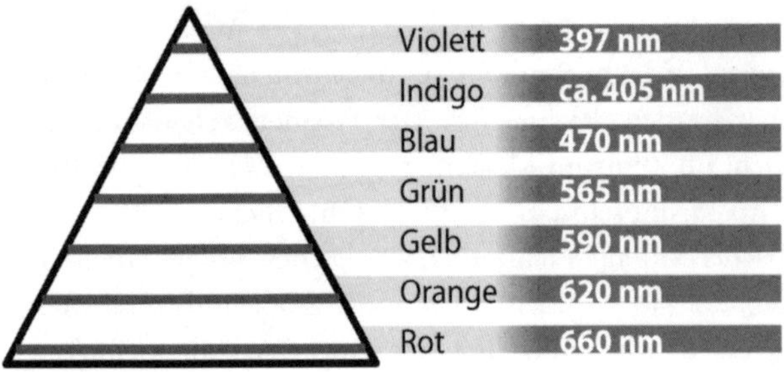

Die Schwingungs-Frequenzen
der sieben Regenbogenfarben – in Hertz (Hz)
Schwingungen pro Sekunde

Die Wellenlänge nimmt nach oben ab,
die Schwingungs-Frequenz nimmt zu

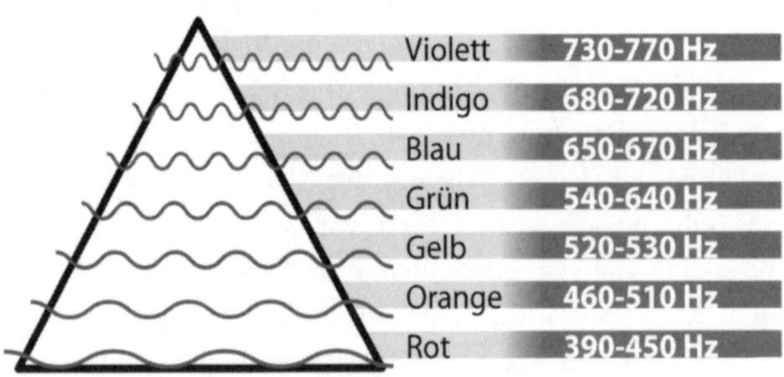

Auf die sieben Regenbogenfarben bezogen, sieht dies folgendermaßen aus: Rot weist die längste Wellenlänge mit der geringsten Schwingungsfrequenz auf. Demzufolge gelangt die Rot-Energie am schnellsten irgendwohin, braucht am meisten Raum, verblaßt aber durch die geringe Schwingungsfrequenz (Dichte) auch am schnellsten wieder.

Dies erklärt auch, weshalb wir Sonnenauf- und -untergänge ausschließlich in Rottönen wahrnehmen. Durch die enorme Distanz zur Sonne hat nur noch Rot mit seiner langen (schnellen) Wellenlänge die Möglichkeit, durch die Staubpartikel der Erde durchzukommen, von unserem Sehzentrum aufgenommen und als Farbe Rot verarbeitet zu werden. Der Farbe Rot wird heftige Turbulenz nachgesagt. Dies hat aber weder mit der niederen Schwingungsfrequenz noch mit der Wellenlänge zu tun. Näheres darüber bei der Farbe Rot.

Betrachten wir das Schauspiel des Regenbogens eingehend, ist direkt über dem Horizont die Farbe Violett wahrzunehmen; Sie hat die kürzeste Wellenlänge und bleibt deshalb am längsten sichtbar. Violett braucht am wenigsten Raum, gefolgt von Lila, Blau, Grün, Gelb, Orange, und mit der größten Distanz zum Horizont und dem weitesten Weg zur Umspannung desselben sehen wir wiederum Rot.

Leider sind unsere Regenbögen aufgrund der Luftverschmutzung nicht mehr so leuchtend und klar wie beispielsweise jene über den Wolken, die man ab und zu aus dem Flugzeug bewundern kann.

Daß der physikalische Aspekt der Farbe – das farbige Licht – so wichtig ist, hat damit zu tun, daß im therapeutischen Bereich der Nutzen farbigen Lichtes in seiner Energieabgabe auf den menschlichen Organismus viel effektiver und konstruktiver ist, als die Wirkung der Flächenfarbe.

Aus der Biophotonenforschung ist von Dr. Fritz Popp seit 1920 bekannt, daß unsere Zellen untereinander mit Kleinstanteilen von Licht, aufgeteilt in sieben Spektralfarben, kommunizieren. Die Farbe selbst ist der Informationsschlüssel der Zellen. Auf dieser Erkenntnis baut die Farbpunktur nach Peter Mandel auf. Mit der Farbpunktur ist es möglich, ganz sanfte Informationsveränderungen über die Steuerungsorgane des Gehirns als Datenträger in die einzelnen Zellen zu schleusen. Man braucht nicht mehr auf der Symptomebene zu therapieren, sondern kann sanft über die Anregung der zelleigenen Kommunikation behandeln. Diese Therapieform ist die genialste Nutzungsmöglichkeit, die wir aus den Lichtfarben ziehen können.

Bei allen vegetativen Störungen, angefangen bei Nervosität, Ängsten, Energiemangel, Konzentrations-, Lern- und Schlafstörungen, Asthma, Allergien, Depressionen, Menstruations-, Laktations- und Klimakteriumproblemen, bei rheumatischen Beschwerden bis hin zu Wachstumsstörungen, habe ich mittels Farbpunktur erstaunliche Erfolge erlebt.

Es gibt aber auch sehr einfache, nicht an eine Therapie gebundene, Möglichkeiten, sich Lichtfarbe zuzuführen. Wir können zunächst die Farbenergien der unter Tageslicht gewachsenen Pflanzen und Gemüse bewußt nutzen.

Es läßt sich auf sehr einfache Weise, mittels farbiger Flaschen, die wir auf den Balkon stellen, farblich energetisiertes beziehungsweise solarisiertes Wasser herstellen. Wie schon erwähnt, wird unser Wasser sogar an einem nebligen Tag mit 1500 Lux bestrahlt. Scheint die Sonne, können wir mit bis zu 150.000 Lux rechnen. Es ist ausreichend, die farbigen Flaschen einige Stunden der Sonnenbestrahlung auszusetzen. Anschließend können wir das Wasser pur trinken oder mit etwas Saft anreichern. Ich persönlich lasse die farbigen Flaschen den Sonne- und Mond-Zyklus aufnehmen (also einen Tag und eine Nacht), bevor ich das Wasser verwende.

Lassen Sie andere unbestrahltes und farbsolarisiertes Wasser testen. Der geschmackliche Unterschied vom Wasser aus der roten und aus der blauen Flasche ist am gravierendsten und wird zumeist wahrgenommen.

Man kann auch Spektrallampen kaufen. Jedoch ist der Kostenaufwand erheblich. Des weiteren sind Prisma-Vital-Brillen erhältlich, die man sich nach dem jeweiligen Bedürfnis aufsetzen kann. Sie lassen sich auch als Sonnenbrillen verwenden.

Die einfachste, günstigste und äußerst wirkungsvolle Möglichkeit der Farbanwendung ist die Farbvisualisation im tief entspannten Zustand. Diese erfolgreiche, konstruktive Farbanwendungsmöglichkeit gebe ich seit vielen Jahren an interessierte Menschen in Kursen weiter. Auch älteste, hartnäckigste, chronische körperliche und seelische Probleme reagieren erstaunlich positiv.

Weshalb diese Methode so außergewöhnlich wirkungsintensiv ist, möchte ich kurz erläutern: Für uns ist jeder Gedanke Realität, eine bereits vollendete Tatsache. Unsere Gedanken lösen nachfolgende Reaktionen aus, die einem „tatsächlichen" Erleben gleichkommen.

Falls es Ihnen schwerfällt, sich dies vorzustellen, verweise ich kurz auf den altbekannten Zitronentest. Stellen Sie sich folgendes vor: Sie holen eine Zitrone, legen sie auf einen Teller und legen sich ein Messer zurecht. Um mehr Saft aus der Zitrone zu gewinnen, rollen Sie die Zitrone mit der Hand einige Male hin und her. Nun zerschneiden Sie die Zitrone, zuerst quer, dann längs in mundgerechte Schnitze. Jetzt führen Sie einen Zitronenschnitz zum Mund und beginnen ihn auszusaugen.

Ende der Vorstellung. Ich bin mir ganz sicher, daß Sie nun schon längst jede Menge Speichel im Munde haben. Weshalb?

Sie kennen diese Situation bereits, deshalb macht es keinen Unterschied, ob sie konkret erleben oder sich vorstellen, daß Zitronensäure in Ihrem Mund ist. Mit unwahrscheinlicher Geschwindigkeit bekommt die Speichelproduktion den Auftrag, sofort mehr zu produzieren, damit die Zitronensäure im Mund neutralisiert wird. (Persönlich bin ich sogar der Auffassung, daß deshalb auch viele Fastenkuren mißlingen. Wenn ich so gierig auf den Teller meines Tischnachbarn starre oder so intensiv an eine Schokolade oder etwas anderes Kalorienreiches denke, daß mir das Wasser im Munde zusammenläuft, könnte ich mir vorstellen, daß die Überzeugung im Gehirn darauf hinausläuft, daß ich die Sachen tatsächlich gegessen habe?)

Es ist eine Gabe des Menschen, daß er alles, was er sich wirklich vorstellen kann, auch erreichen kann – vorausgesetzt, daß kein Milligramm verstandesmäßiger Widerstand mehr vorhanden ist.

Über das Bewußtsein läßt sich mit dem Unterbewußtsein Kontakt aufnehmen. Das heißt, alles, dessen sich der Mensch bewußt wird, kann er zu seinem Vorteil verändern. Durch die individuelle Bewußtwerdung wird ihm die Möglichkeit zum Neuprogrammieren gegeben. Dadurch lassen sich alle alten, unbrauchbaren, negativen und anerzogenen Denk- und Verhaltensmuster aufarbeiten und verändern.

Diese Erkenntnisse werden auch im Mentaltraining erfolgreich angewandt. Die Fähigkeit nutzen wir in der Farbvisualisation. Tief entspannt (Alpha- bis Theta-Wellen), vom Alltag losgelöst, führe ich die Menschen gezielt durch die Farbvisualisation. Erwähne ich den Namen der Farbe, und dies geschieht sehr oft, entsteht im Gehirn der gleiche Energieimpuls, als würden wir farbiges Licht sehen. Dieser Farbenergieimpuls wird mittels Nerven- und Energiebahnen mit unglaublich hoher Geschwindigkeit durch den gesamten Organismus bis in die äußerste Zelle geschleust.

Die Wirksamkeit wird dadurch gesteigert, daß jeder Mensch innerlich irgendwann sogar farbiges Licht „sieht". Je weniger wir die Vorstellung mittels Willen und Verstand beeinflussen, um so größer ist die Möglichkeit, bald einmal farbiges Licht zu sehen.

Ich treffe in meinen Kursen ab und zu Naturtalente an, die schon beim ersten Versuch farbiges Licht vor ihrem inneren Auge leuchten sehen. Ich selbst mußte über drei Jahre lang geduldig sein, bis sich bei mir dieses „Wunder“ einstellte. Trotzdem habe ich mich während dieser „Übungszeit“ ganz beiläufig meines Gallengrießes, meiner Schlafstörungen, gepaart mit Lebensängsten, meines niedrigen Blutdrucks, meiner rheumatischen Beschwerden und meiner seit Jugend anhaltenden starken Rückenschmerzen entledigt.

Mit etwas Übung und den notwendigen Informationen für die gezielte Anwendung ist es jedem Menschen möglich, sich selbst durch die Farbmeditation zu führen. (Für weitere Informationen zu dieser Methode findet sich am Ende des Buches eine Kontaktadresse.)

Es ist mir ein Bedürfnis, auch auf die Wichtigkeit des Lichtes und der Farben für das Wohlbefinden sehbehinderter und blinder Menschen einzugehen. Vielleicht konnten Sie in Ihrer Umgebung auch schon einmal mitverfolgen, wie Menschen, die an einer starken Sehbehinderung erkrankten, urplötzlich ein intensives Verlangen nach Kurzarmbekleidung – auch mitten im Winter – zeigten. Dieses Bedürfnis entspricht einer körper-logischen Folgerung. Ganz gezielt beginnt bei diesen Menschen die Körperoberhaut, anstelle der Netzhaut, die licht- und farbenergetischen Schwingungen aufzunehmen, damit im Organismus kein Energiedefizit entstehen kann.

Es ist erwiesen, daß durch die abrupte Erblindung eines Menschen dessen körperliches und seelisches Gleichgewicht solange extrem labil bleibt, bis sich die Haut auf die neue Aufgabe, die Licht- und Farbenergien anstelle der Augen aufzunehmen und weiterzuleiten, eingestellt hat. Für den Menschen der Frühzeit war die Lichtaufnahme über die Haut eher üblich. Unsere Organismen haben sich daran gewöhnt, die Licht- und Farbenergien vorwiegend nur noch über die Augen aufzunehmen.

Die Annahme, blinde Menschen seien keineswegs auf farblich geschmückte Räume, auf farbige Kleider und farblich ansprechend zusammengestellte Nahrung angewiesen, da sie deren optische Wirkung sowieso nicht wahrnehmen können, ist absolut falsch. Im Gegenteil, blinde Menschen sind, damit ihr inneres und äußeres Gleichgewicht in Balance bleibt, noch viel stärker als mit den Augen Sehende auf die Zuführung der verschiedensten Farbenergien angewiesen.

Darüber hinaus ist es Blinden mit etwas Übung durchaus möglich, unterschiedliche Farben anhand der über die Fingerkuppen aufnehmbaren Energieschwingungen zu „errechnen". Dieser Versuch läßt sich auch sehr gut mit Kindern durchführen. Kinder sind nicht so stark wie Erwachsene vom rationalen Denken geprägt. Die meisten vertrauen ihrem Gespür noch voll und ganz. Innerhalb kürzester Zeit sind Kinder fähig, mit verbundenen Augen mindestens zwei Farben korrekt zu unterscheiden. Ich staune bei meiner Arbeit mit Kindern immer wieder, wie sie sieben verschiedene Lichtfarben, über Ohrpunktur zugeführt, auf Anhieb richtig erkennen können. Erst wenn sie erfahren, daß dies keineswegs selbstverständlich ist, schaltet sich ihr Verstand hinzu, und sie werden unsicher. Ein siebenjähriger Patient war sogar fähig, farbiges Licht, über die Füße zugeführt, richtig zu identifizieren.

Die Amerikanerin Carol Anne Liaros arbeitet mit von Geburt an Blinden, mit Menschen also, die weder den Begriff Licht noch Farbe kennen. Mit unendlicher Geduld und Ausdauer bringt sie diese Menschen dazu, energetische Lichtquellen, beispielsweise Straßenlaternen, mit ihrem geistigem Auge zu erspüren, das im Vorderlappen der Hirnanhangdrüse (Hypophyse) lokalisiert wird. Mit einigen Klienten ging sie soweit, daß diese anhand der Wahrnehmung verschiedener Schwingungsdichten diverse Gegenstände über deren Farbe erkennen konnten.

Bei Farbenblindheit, einer Erkrankung der Netzhaut, oder einer Schädigung der optischen Bahnen zwischen Netzhaut und Hirnrinde wird die Energieschwingung jeder Farbe trotzdem richtig aufgenommen und an die Zirbeldrüse (Epiphyse) weitergeleitet. Ein gesundes Auge kann bis zu 170 verschiedene Farbtöne auseinanderhalten. Es gibt aber auch Menschen, die bereits mit 40 Farbtönen überfordert sind.

Als ich mit Farben zu arbeiten begann, war es bereits möglich, Farbmonitore mit über 3000 verschiedenen Farbtöne herzustellen. In der Zwischenzeit hat sich die Anzahl auf 17 Millionen Farbtöne gesteigert. Dies ist vor allem wichtig, um mit Hilfe eines Scanners den richtigen Farbton eines Originalbildes rekonstruieren zu können.

Trotzdem: wird natürliches, reines weißes Licht gebrochen, hat man, trotz unzähliger Versuche, mehr Farben zu erhalten, niemals mehr als sieben Lichtfarben erkennen können.

Daß es genau sieben Farben sind, ist aus verschiedenen Gründen beeindruckend. Die Zahl Sieben nimmt im gesamten Schöpfungsplan eine Sonderstellung ein. Oftmals wird diese Zahl als heilig, göttlich oder mystisch bezeichnet. Die Erde scheint im Siebener-Rhythmus zu schwingen. Wir haben sieben Wochentage, viermal sieben Tage ergeben einen Mondmonat. Wir hätten sieben Sinne, wobei die Hellsichtig- und Hellfühligkeit bei vielen Menschen verlorengegangen ist. Es ist erwiesen, daß sich alle Zellen des menschlichen Organismus innerhalb von längstens sieben Jahren erneuern. Selbst die Zyklen der einzelnen Lebenslernprozesse beziehungsweise Entwicklungsstufen scheinen sich an den Sieben-Jahres-Rhythmus zu halten.

Zusätzlich haben wir Menschen sieben Hauptattribute, die unser Menschsein ausmachen. Jede dieser Grundeigenschaften wird durch eine der sieben Regenbogenfarben genährt.

Zum besseren Verständnis ist es nützlich, die Abb. auf Seite 28 zu beachten.

- **Rot** unterstützt die reine Lebenskraft, die Urkraft und den Bewegungsdrang des Menschen.
- **Orange** vermehrt die Lebensfreude, die Kreativität.
- **Gelb** nährt den Intellekt, die Denkkraft und Erkenntnisfähigkeit .
- **Grün** korrespondiert direkt mit unserem Verstand, unserem Verständnis für uns selbst und die Umwelt. Grün ermöglicht dem Menschen zudem, seine Mitte, seine innere Harmonie, den Seelenfrieden wahrzunehmen.
- **Blau** wirkt auf das Unterbewußtsein, nährt die Seele, führt uns zur inneren Wahrheit.
- **Indigo** ermöglicht uns, die innere Stimme wahrzunehmen, der Intuition wieder vertrauen zu lernen.
- **Violett** konfrontiert uns mit der Sehnsucht, wieder ganz und heil zu werden.

Wird es uns im Laufe des Lebens ermöglicht, die vier irdischen, rationalen Grundeigenschaften (Rot, Orange, Gelb und Grün) mit den drei irrationalen Attributen (Blau, Indigo und Violett) zu verbinden, sind wir ganzheitlich lebende Menschen. Anders formuliert, wir hätten erstaunlicherweise die Möglichkeit, vollkommene Wesen zu werden (s. Abbildung auf der nächsten Seite).

Das SEIN des Menschen

in bezug auf die sieben REGENBOGENFARBEN

- **Verbinden wir den**
  Willen – die Körperlichkeit (ROT)
  mit dem Herz – der Seele (BLAU),
  erwächst daraus das reine SEIN,
  Würde und Vollendung (VIOLETT).
- **Verbinden wir den**
  Willen – die Körperlichkeit (ROT)
  mit dem Intellekt (GELB),
  erwächst daraus kreative Schaffenskraft
  und Lebensfreude (ORANGE).
- **Verbinden wir den**
  Intellekt (GELB)
  mit Herz und Seele (BLAU),
  erwächst daraus Verständnis, Selbstachtung,
  Selbstakzeptanz und Seelenfrieden (GRÜN).

Ein ausgeglichener, ganzheitlicher Mensch entspricht der Aussagekraft eines gleichseitigen Dreiecks

Sieben Farben des Regenbogens, sieben Haupteigenschaften des Menschen

Es scheint tatsächlich, daß die Zahl Sieben einem uns übergeordneten System entspringt. Ebenso wie jede der sieben Farben eine Grundwesensheit des Menschen nährt, hat jeder menschliche Körper sieben Energieeingangstore. Über diese sind wir ein Leben lang mit unserem Ursprung verbunden, ob wir uns dessen bewußt sind oder nicht. Unablässig fließt Lebensenergie und Information in unser Wesen ein, die sich durch jeden einzelnen Menschen in einmaliger, individueller Art auf Erden manifestieren möchte. Man könnte diese Verbindung als kosmische Nabelschnur bezeichnen. Diese Energieeingangstore wurden bei uns durch die östliche Bezeichnung Chakren bekannt. Tatsache ist, daß die Energiewirbel der Chakren verschiedenste Aufgaben und Funktionsweisen haben, die ebenso der körperlichen wie der seelischen Gesundheit dienen.

Für mich war es spannend zu entdecken, daß die aus der östlichen Weisheitstradition bekannten Chakren haargenau mit den endokrinen Drüsen aus der westlichen Medizin übereinstimmen. Endokrine Drüsen produzieren Hormone, die sie direkt ans Blut abgeben. Hormone wiederum sind Informationsträger, Botenträger, die über das Blut ihre Zielorgane erreichen und dort als Steuerungsmechanismen wirken.

Das Wurzelchakra (Rot) entspricht der Funktionsweise der Nebennieren mit ihren lebensnotwendigen Aufgaben. Die Nebennieren bestehen aus Rinde und Mark. Die Rinde ist unter anderem am Eiweiß-, Kohlenhydrat-, Elektrolyt- und Wasserhaushalt beteiligt (Elektrolyt = Ionenaustausch/Säure/Basen-Haus-

halt). Die Nebennierenrinde produziert das Hormon Aldosteron. Sie produziert aber auch geringe Mengen an Sexualhormonen, die beispielsweise bei einer gestörten Funktion zur Maskulinisierung des weiblichen Geschlechts führen kann (Körperbehaarung, dunkle Stimme). Die Krankheit Morbus Cushing mit Vollmondgesicht, Stammfettsucht und Büffelnacken weist direkt auf eine gestörte Funktion der Nebennierenrinde hin, aber auch Amenorrhoe, Potenzstörungen, Bluthochdruck, Diabetes mellitus, Osteoporose, mangelnder Muskeltonus, Wachstumshemmungen bei Kindern, Streßanfälligkeit und vorzeitige Ermüdung haben mit einer Dysfunktion der Nebennierenrinde zu tun.
Das Nebennierenmark ist unter anderem zuständig für die Bildung von Adrenalin. Das Hormon Adrenalin steigert den Stoffwechsel, insbesondere den Abbau beziehungsweise die Freisetzung von Stärke und Fett. Andererseits ist Adrenalin das Angst-, Flucht-, Angriffs- und Streßhormon als Antwort auf lebensbedrohliche Situationen. Das wiederum heißt gesteigerte Atmung, gesteigerte Kontraktionskraft des Herzens, gesteigerte Blutversorgung der Skelettmuskulatur, gesteigerte nervale Aktivität mit geweiteten Pupillen und verlangsamter Stoffwechselfunktion. Der Urmensch brauchte diese Funktionsweise, um fliehen beziehungsweise überleben zu können. In unserer hektischen Zeit befinden sich viele Menschen in diesem langfristig sehr ungesunden Dauerstreßzustand.

Das Sakralchakra (Orange) nährt die Funktionsweise der Keimdrüsen. Die Keimdrüsen (Ovarien, Hoden) produzieren Sexualhormone. Die Hoden produzieren u. a. das Geschlechtshormon Testosteron als wichtigstes männliches Hormon. (Eine zu hohe Stimme bei Männern und Haarprobleme können auf eine eventuelle Dysfunktion der Testosteron-Produktion hinweisen.) Die Hoden haben aber auch einen exokrinen Anteil; sie bilden die Samenfäden.

Die Ovarien bilden die Hormone Östrogen und Progesteron. Unter anderem hängt hiervon auch die anhaltende Jugendlichkeit und die Geschmeidigkeit der Knochen ab. Auch die Eierstöcke haben einen exokrinen Anteil; sie lassen die Eizellen reifen.

Das Solarplexuschakra (Gelb) unterstützt den endokrinen Anteil der Bauchspeicheldrüse. Die Langerhanschen Zellen der Bauchspeicheldrüse gehören zum Endokrinum. Sie produzieren Hormone, die für den Kohlenhydratstoffwechsel eine wichtige Rolle spielen. Es sind verschiedene Zelltypen zu unterscheiden. Die A-Zellen erzeugen das Glucagon, die B-Zellen das Insulin. Sie sind Gegenspieler (Antagonisten). Das Glucagon hebt den Blutzuckerspiegel, indem es in der Leber für den Abbau von Glykogen zu Glucose sorgt (dahinter verbergen sich mannigfaltigste chemische Prozesse). Das Insulin senkt den Blutzuckerspiegel, indem es dafür sorgt, daß Glucose zu Glykogen aufgebaut wird. Der Abbau des Insulins erfolgt in der Leber und in den Nieren. Der Rest des Pankreas (Kopf, Körper und Schwanz) entspricht einer exokrinen Drüse, die verschiedenste Fermente und Enzyme direkt in den Zwölffingerdarm abgibt.

Das Herzchakra (Grün/Türkis) nährt die Thymusdrüse. Die Thymusdrüse ist ein Organ des lymphatischen Systems. Sie produziert Thymosin. Dieses Hormon fördert die Entwicklung der T-Lymphozyten. T-Lymphozyten sind imstande, körperfremde Zellen, Mikroorganismen und bestimmte Tumorzellen zu vernichten. Nach der Pubertät läßt die Thymusaktivität leider nach. Der Thymus bildet sich zurück und wird durch Binde- und Fettgewebe ersetzt. (Hier hilft: Thymusklopfen, sieben mal drei Klopfschläge, um den Lymphfluß anzuregen).

Das Kehlchakra (Blau) stimuliert die Schild- und Nebenschilddrüse. Die Schilddrüse bildet unter anderem das Hormon Thyroxin. Dies ist zuständig für Wachstum, Entwicklung und Nervenfunktion. Die Schilddrüse ist aber auch intensiv am Kohlenhydrat- und Fettstoffwechsel beteiligt. Die Nebenschilddrüsen produzieren das Parathormon. Unter anderem sind die Nebenschilddrüsen für die Aufrechterhaltung des Kalziumspiegels im Blut und im Gewebe verantwortlich, im weitesten Sinne auch für den Muskelstoffwechsel.

Das Stirnchakra (Indigo) nährt die Hypophyse (Hirnanhangdrüse), die auch als Gefühlsdrüse oder Dirigent der Hormonproduktion bezeichnet werden kann. Zusammen mit dem Hypothalamus (dieser stellt die Verbindung zwischen dem Zentralnervensystem und dem Hormonsystem her) sendet sie Hormone als Botenstoffe an die Zielorgane Niere, Nebennierenrinde, Haut, Knochen, Schilddrüse, Hoden und Eierstöcke.

Das Scheitelchakra (Violett) reguliert die Epiphyse (Zirbeldrüse). Über die Epiphyse, die Licht- oder Keuschheitsdrüse, habe ich bereits eingangs gesprochen. Sie führte über lange Zeit ein Schattendasein. Erst in den letzten Jahrzehnten wurde sich die Schulmedizin ihrer Aufgaben so richtig bewußt. Wir haben bereits gehört, daß die Epiphyse die energetischen Schwingungsreize des Lichtes und der Farben aufnimmt und diese an das Sehzentrum weitergibt. Sie bestimmt aber auch, zu welchem Zeitpunkt wir pubertieren, ob wir schnell oder langsam altern, ob wir Morgenmuffel oder Nachtmenschen sind. Die Epiphyse koordiniert auch Zeitverschiebungen. Mit ihrer Hilfe können wir uns sogar wunschgemäß wecken lassen (Biowecker). Eine weitere Aufgabe der Epiphyse ist die Produktion des Hormons Melatonin in der Leber. Zuviel Melatonin macht müde, schläfrig und depressiv. Zuwenig Melatonin macht aufgedreht, schlaflos, gestreßt – man kommt nicht zur Ruhe.

vom Haben-Wollen zum SEIN

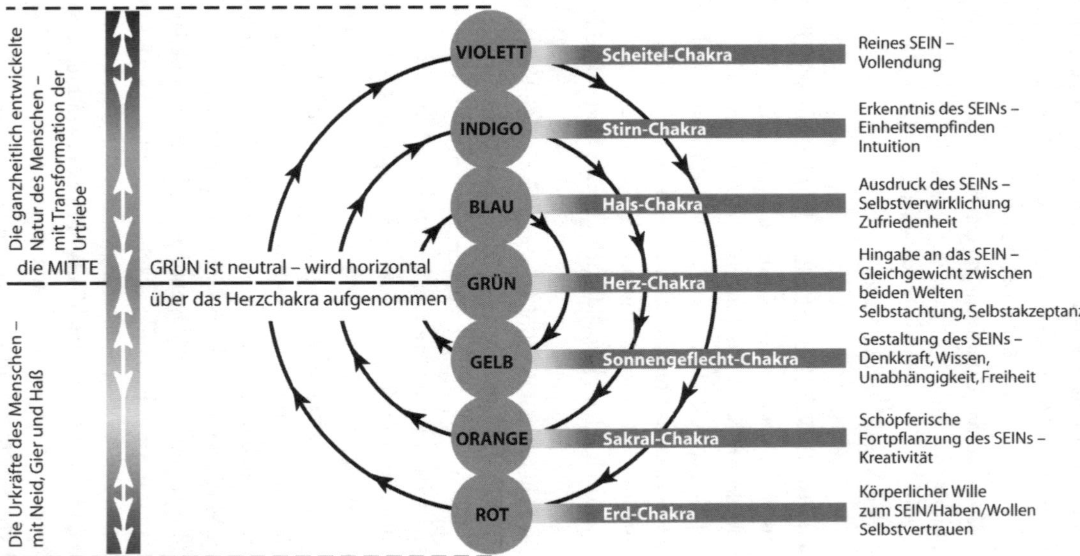

Sieben Farben, sieben Chakren, sieben wichtige endokrine Drüsen und sieben Haupteigenschaften des Menschen

Eine optimale Funktionsweise der endokrinen Drüsen bedeutet für den Organismus, daß er ausschließlich förderliche Informationen durch die Hormone als Botenträger erhält. Das wiederum bedeutet, daß alle Organe ihre Aufgabe bestens ausführen und in harmonischem Miteinander funktionieren können. Der Mensch selbst fühlt sich rundum wohl, gesund und ausgeglichen, und seine jugendliche Spannkraft und geistige Frische bleiben bis ins hohe Alter erhalten.

Stellen wir uns einmal vor, daß die Hormondrüsen ohne unser Zutun, ohne Bestellung, täglich weit über 220 wichtige Hormone produzieren, damit die nötigen Stoffwechselfunktionen ausgeführt werden können. Bei diesem Gedankengang wird bestimmt jeder Achtung und Dankbarkeit gegenüber dieser wunderbaren Chemiefabrik in unserem Körper empfinden.

Es bleibt noch zu erwähnen, daß jeder Mensch mit unterschiedlich ausgeprägten Eigenschaften zur Welt kommt. Nur so besteht die Möglichkeit, unsere Stärken, Neigungen und Talente – aber auch unsere Schwächen und Mängel – erkennen zu können. Die Talente erleichtern beispielsweise die Berufswahl und geben uns zudem die Kraft, unsere Mängel im Verlaufe des Lebens aufzuarbeiten. Es entspräche auch der wesentlichen Lebensaufgabe jedes Menschen; seine Talente zu nutzen, um diesen einmaligen, individuellen Beitrag in die Welt fließen lassen zu können. Weichen wir unserer effektiven Lebensaufgabe aus, stoßen wir auf immer wiederkehrende Schwierigkeiten gleichen Ursprungs. Wir werden mißmutig, unzufrieden, verlieren die Lebenslust. Arbeiten wir die Grundproblematik nicht auf, bekommt der Körper die Möglichkeit, über eine entsprechende Symptomatik auf den seelisch-geistigen Mißstand hinzuweisen.

Beispielsweise (ich erlaube mir „farbig“ zu sprechen), ist jemand von Geburt an mit einem vorrangigen Rot-Energieanteil ausgestattet (erstes Chakra), ist der Bewegungs- und Tatendrang, die Risiko- und Führungsfreude ausgeprägt; dementsprechend wäre er ein geborener Handwerker, ein hervorragender Athlet oder eine ambitionierte Führungskraft. Würde dieser Mensch nur noch auf einem Bürostuhl sitzen, da er sich gemäß den heutigen Ansprüchen weitergebildet hat, unterließe er es, seinem angeborenen Bewegungsdrang weder durch Sport noch mindestens durch Gartenarbeit Rechnung zu tragen, entspräche es „nur“ einer körperlogischen Folgerung, daß dieser Mensch über kurz oder lang krank würde. Interessanterweise zeigen sich die körperlichen Beschwerden in dem Bereich, in dem die Ur- beziehungsweise Rot-Energie wirksam ist. Das heißt, es kommen Krankheiten der Nieren- und Nebennieren, der Ausscheidungsorgane selbst, der Haut (als größtes Ausscheidungsorgan überhaupt), Blut- und Kreislaufkrankheiten in Frage. Ebenso ist es in diesem Falle möglich, daß Knochen- beziehungsweise generell Statikprobleme auftauchen.

Natürlich (beziehungsweise freundlicherweise) senden Psyche und Körper, lange bevor eine manifeste Krankheit entsteht, entsprechend ernstzunehmende Signale aus. Leider verdrängen wir diese wegweisenden Botschaften sehr oft und vor allen Dingen viel zu lange. Erstaunlicherweise muß bei vielen Menschen der Leidensdruck extrem groß werden, bis sie sich nach der tiefer liegenden Ursache zu fragen beginnen.

Um gesund zu bleiben, oder um wieder gesund zu werden, ist es sehr wichtig, so oft wie möglich die eigene Mitte, die innere Ruhe, den Seelenfrieden spüren zu können. Wir müssen erneut lernen, immer wieder zentriert an die Forderungen des Alltags, also des Lebens heranzugehen. Damit es uns wieder möglich wird, die eigene Mitte überhaupt erfahren zu können, brauchen wir neben Entspannungstechniken die Dreiheit von Licht, Bewegung und Klang.

Theo Gimbel, der bedeutendste Farbforscher unserer Zeit, vertritt die Meinung, daß die Wirkung der Farbemotion die der Tonemotion bei weitem übertrifft. Im Alltag umgesetzt, könnte diese Erkenntnis folgendermaßen angewandt werden: Es ist besser, ein störrisches Kind mit Farbe zu umgeben, sei dies nun mentaler Art, visuell oder mittels Flächenfarben, als unablässig auf das Kind einzureden oder es gar anzuschreien.

Lieblingsfarben und Farbfixierungen

Bevor ich im nächsten Kapitel spezifisch auf jede einzelne der sieben Regenbogenfarben eingehen werde, möchte ich noch etwas zur Lieblingsfarbe jedes Menschen sagen. Betrachten wir unser Leben rückwirkend, werden wir erkennen, daß sich je nach Lebenssituation auch unsere Lieblingsfarben veränderten. Meistens bleibt aber eine Farbe, die wir immer schon, und immer wieder, als unsere Lieblingsfarbe bezeichnen. Die Lieblingsfarbe an sich sagt aus, mit welcher dazugehörigen Eigenschaft wir uns gerne ausgestattet sähen. Es gibt aber auch Menschen, die sich über Kleidung und Wohnungseinrichtung ausschließlich auf eine Farbe fixieren. Dies gilt zum einen als unbewußter intensiver Versuch, sich die extrem fehlende Farbenergie durch eine Überbetonung im Äußeren zuzuführen. Zum andern ist es möglich, daß die betroffene Person Angst vor der eigenen Viel- beziehungsweise Siebenschichtigkeit hat. Sie versucht sich durch die Fixierung auf eine einzige Farbe unbewußt vor den verschiedenen, aber zu ihr gehörenden, Facetten zu schützen, die eigene Buntheit zu verleugnen, zu negieren. Ein Versuch, der langfristig mißlingt.

Die dritte und letzte Möglichkeit der Fixierung auf eine einzelne Farbe kann daher rühren, daß sich dieser Mensch im negativen, blockierten Aspekt der bevorzugten Farbe befindet und alleine aus diesem Kreislauf nicht herausfindet. Jede der sieben Regenbogenfarben trägt in sich einen positiven, frei fließenden und einen negativen, blockierten Aspekt. Keine Farbe ist besser oder schlechter als eine andere. Jeder kann selbst entscheiden und dann die Wahl treffen, welche Eigenschaften er im Verlaufe des Lebens verwirklichen will.

Wirkung, Anwendung und Heilkraft der sieben Regenbogenfarben

Die Farbe Rot

Rot ist die erste Farbe im Regenbogenspektrum. Damit unser Gehirn Rot ausmachen kann, erhält es über die Augen einen Schwingungsreiz von 390–450 Schwingungen pro Sekunde (Hz), siehe Abb. auf Seite 14. Trotz dieser hohen Schwingungszahl entspricht dies der geringsten Schwingungsfrequenz aller sieben Regenbogenfarben. Hingegen hat Rot die längste Wellenlänge aller sieben Lichtfarben: 660 Nanometer. 1 nm entspricht einem Milliardstel Meter. Das heißt, Rot gelangt am schnellsten irgendwohin, braucht am meisten Raum, verblaßt aber durch die geringe Schwingungsfrequenz schneller als andere Farben.

Wollen wir den vollen Nutzen aus der bewußten Farbanwendung ziehen, ist es äußerst wichtig, mit der Farbe Rot zu beginnen. Wie bereits erwähnt, beinhaltet jede einzelne Farbe ein spezielles Thema unseres Menschseins. **Mit Rot wenden wir uns auf direktestem Weg unserer Körperlichkeit, dem Erdmagnetismus, unseren Wurzeln und unserem eigentlichen Fundament zu.**

Die Farbe Rot verlangt von uns, auf die Themen der Lebenskraft, der Lebensbejahung, des Urvertrauens, des Bewegungs- und Tatendrangs einzugehen und uns mit den Urtrieben auseinanderzusetzen. Dies sind archaische Urtriebe in Form von Liebe oder Haß, Milde oder Gewalt, Großzügigkeit oder Neid, Askese oder Gier, Gut oder Böse.

Rot zwingt uns tatsächlich, unsere Emotionalität und Leidenschaft anzuschauen, bejahen zu lernen und kultiviert ins Leben einfließen zu lassen. Wir lassen uns mit der ersten Farbe gleich auf die turbulenteste aller Farbenergien ein. In vielen Farbanwendungen wird aus diesem Grund auf die Auseinandersetzung mit dem reinen Rot und dessen Anwendung verzichtet und auf Rosa ausgewichen.

Rosa hat das Moment der Leidenschaft überwunden. Deshalb sendet es ausschließlich positive und harmonische Energien aus. Rosa entspricht der Farbe der absichtslosen, der bedingungslosen Liebe. Reines Rot zu vermeiden heißt, den menschlichen Körper mit seinen archaischen Strukturen abzulehnen, zu verleugnen. Bräuchten wir diesen Körper nicht als Fahrzeug der Seele auf unserem Lebensweg, hätten wir ihn nicht! Wir können nur dann wirklich weiterkommen und die Urtriebe kultivieren, wenn wir unsere Körperlichkeit voll und ganz bejahen lernen, mit unserem Körper Freundschaft schließen und gewillt sind, sowohl unsere Stärken als auch unsere Leidenschaften, Schwächen, Fehler und Mängel anzunehmen. Lernen wir alle Attribute, die unser Menschsein ausmachen, zu bejahen, befreien wir uns von tükkischen Verdrängungsmechanismen. Wir fühlen uns wohl, gesund und rundum glücklich. Lehnen wir einzelne Aspekte ab, blockieren wir den Energiefluß erheblich, was langfristig psychische und physische Folgen zeigt.*

Damit die leider weitverbreitete Angst vor reinem Rot besser verstanden werden kann, ist es wichtig, sich vorab eingehend mit dem zweischneidigen, ambivalenten psychologischen Aspekt dieser aufwühlenden Farbenergie zu befassen. Zum einen wirkt Rot, wie schon erwähnt, immer auf unseren Emotionalkörper. Unsere Emotionen haben im Verlaufe des Lebens eine Eigendynamik entwickelt, die sich der Verstandeskontrolle entzieht. Das heißt, unsere Erfahrungen mit der Umgebung erreichten im Kleinkindalter über Sinneserfahrungen unser Bewußtsein, um

* Mittels Energetischer-Terminalpunkt-Diagnose ist es möglich, den gesamten Energiefluß des Menschen inklusive der Organversorgung bildlich zu dokumentieren beziehungsweise zu analysieren. Mittels eines Hochfrequenz-Fotoapparates können die die Zehen und Fingerkuppen umgebenden Elektronenemissionen sichtbar gemacht und detailliert analysiert werden. Die Methode basiert auf dem Kirlian-Effekt und wurde von Peter Mandel entwickelt.

dann im Verlaufe der Zeit ins Unterbewußtsein abzusinken und als Zellinformation im Körper gespeichert zu werden.

Wir alle kennen dies: Eine Situation, die uns emotional streßt, steht bevor. Wir haben uns mental genau zurechtgelegt, wie wir uns verhalten wollen. Aber es kommt ganz anders. Wir verhalten uns völlig anders, als wir es uns vorgenommen haben. Das ist ganz natürlich, denn besonders unter Streß erfolgt die Reaktion direkt aus dem Unterbewußtsein, ohne daß der Verstand unsere instinktive Reaktion zuvor zensieren kann. Dies macht auch den Unterschied eines klar zu artikulierenden Gefühles gegenüber einer Emotion aus. Die Emotion kommt immer aus dem Triebhaften, der Verstand verliert seine Kontrolle als Programmierer. Zum andern trägt die Farbe Rot in sich keine Mitte. Das wiederum bedeutet, Rot führt uns das auf Erden ewig wirksame Gesetz der Polarität, der Dualität, der Ambivalenz direkt vor Augen. Die Farbe Rot drückt somit das krasse Entweder-Oder-Prinzip aus.

Es sind uns verschiedenste Begriffe, die alle dem Entweder-Oder-Prinzip entstammen, bekannt und geläufig. Beispielsweise: Tag oder Nacht, hell oder dunkel, schwarz oder weiß, oben oder unten, vorn oder hinten, heiß oder kalt, gerade oder krumm, gescheit oder dumm, gut oder schlecht, Leben oder Tod, Krieg oder Frieden, Liebe oder Haß, Freund oder Feind, Macht oder Unterdrückung. Beides gehört zu uns, das, was wir annehmen sowie das, was wir ablehnen.

Jeder einzelne Mensch trägt beide Pole in sich. Kein einziger Mensch ist ausschließlich gut, kein einziger Mensch ist ausschließlich schlecht. Wir alle haben beides in uns, das Gute und das Schlechte. Ebenso haben wir alle denselben Ursprung. Werden wir uns dessen bewußt und sind wir gewillt, in uns selbst eine Mitte all dieser Eigenschaften zu erschaffen, erkennen wir, daß es einer unserer wichtigen Lebensaufgaben entspricht, diese Polarität in uns selbst zu vereinen, ähnlich einer „Trafostation". Das heißt, mit unserer bewußten Entscheidung können wir vom Entweder-Oder-Prinzip ins Sowohl-als-auch-Prinzip hineinwachsen. Wir lernen auch die Dämmerung, den Übergang zu erkennen, anzunehmen und zu bejahen. Dadurch verliert die Dualität ihren Schrecken. Wir können den unwahrscheinlichen Druck, „perfekt" sein zu müssen, fallenlassen, loslassen.

Ich denke, eine befreiendere Erkenntnis gibt es wohl kaum. Plötzlich ist es uns möglich, Unvollkommenheit, Fehler und Mängel als ganz natürlichen Seinszustand zu betrachten. Probleme, Fehler und Schwierigkeiten sind nicht mehr und nicht weniger als versteckte Möglichkeiten, um wachsen zu können.

Bildlich dargestellt: Kein einziges Menschenleben findet punktuell ausschließlich am Nord- oder am Südpol statt. Nein, die gesamte Spannweite dazwischen bietet Lebensraum für uns Menschen. Zwischen den Pendelausschlägen dehnt sich wirklich gelebtes Leben aus. Es entspricht aber einer ebenso logischen Folgerung, daß wir als Menschen auf dem Planeten Erde mit seinem Polaritätsgesetz, trotz besseren Wissens, immer wieder versucht sein werden, ins Entweder-Oder-Prinzip zu rutschen.

Mit dieser Einsicht gewappnet, können wir uns gelassen auf die turbulente Rot-Energie einlassen und dieselbe äußerst konstruktiv für unser körperliches Wohlbefinden nutzen und zur mutigen bejahenden Bewältigung des täglichen Lebens einsetzen. Rot, als Farbe des Blutes, macht das Lebendigsein möglich. Der Bewegungsdrang des Menschen wird durch die Rot-Energie ausgedrückt. Rot ist die magnetische, antreibende, stark belebende und ebenso stark erwärmende Farbenergie, welche wir tatsächlich direkt aus dem Boden, aus der Erde aufnehmen. Wie wichtig der Erdmagnetismus für unseren menschlichen Organismus ist, läßt sich am eindrücklichsten nach einigen Tagen Bettruhe erfahren. Es wird uns beim Aufstehen augenblicklich schwindlig. Der Kontakt zur Urenergie, zum lebensnotwendigen Erdmagnetismus war unterbrochen.

Rot schenkt uns, neben der eigentlichen Lebenskraft, auch Urvertrauen, Selbstvertrauen, Mut, Willensstärke, Durchsetzungsvermögen, Führungswillen, Ausdauer und Risikofreude. Rot gibt uns, schlicht und einfach gesagt, die körperliche Kraft und den Willen, das eigene Leben anzupacken, Ziele zu haben, etwas erreichen zu wollen (die Möglichkeit der spontanen Manifestation). Mangelt es uns an Rot-Energie, fühlen wir uns lustlos, chronisch müde und abgespannt. Es fehlt uns die Bewegungsfreude, wir haben einen schwachen Muskeltonus, beispielsweise eine schlechte Haltung, und nichts könnte uns dazu bewegen, Ausdauer- oder Leistungssport zu betreiben.

Wir leiden an vielen Ängsten, vor allem auch an Urängsten. Durch die schlechte Erdung haben wir den Kopf in den Wolken. Das heißt, theoretisch wüßten wir sehr wohl, wie das Leben zu meistern wäre, was wir erreichen möchten, aber die Initiative, der Mut, die Kraft, diese Vorstellungen zu realisieren, fehlt. Dauert dieser Rot- beziehungsweise Erdenergiemangel über längere Zeit an, entspricht es einer logischen Folgerung, daß der betroffene Mensch mit sich und der Mitwelt äußerst unzufrieden, innerlich zerrissen, menschenscheu und schwermütig wird. Durch einen lang andauernden Rot-Energiemangel besteht, je nach Konstitution des einzelnen Menschen, sogar die Möglichkeit, daß tiefe emotionale Störungen in Form von Jähzorn und Gewalttätigkeit entstehen können.

Organisch läßt sich der Rot-Energiemangel am anämischen Aussehen (Bleichgesichter mit tiefen Augenringen), am niedrigen Blutdruck, an schwacher Blutzirkulation mit mangelnder Durchblutung, an ständig kalten Händen und Füßen erkennen. Auch alle Blutkrankheiten deuten auf ein Mißverhältnis zur roten Urenergie hin. Die Statik des Menschen, also die ganze Knochenapparatur, vor allem die Wirbelsäule, ist auf ausreichend Rot-Energie angewiesen.

Bei starken Blutverlusten konzentrieren wir uns auf die Farbe Rot in jeder Form. Neben der mentalen Konzentration auf Rot führen wir uns rote Nahrung in Form von rotem Gemüse, roten Früchten, rotem Fleisch und allenfalls einem Glas Rotwein zu.

Rotes Fleisch (z. B. Reh, Rind, Wildschwein, Hase und Lamm) hat einen sehr viel ausgeprägteren Rot-Energieanteil, als er in Gemüse und Beeren vorhanden ist. Das heißt, daß Vegetarier, vor allem Veganer, unheimliche Mengen an Roten Beten o. ä. essen müßten, um zu ausreichend Rot-Energie zu kommen. Sehr oft beklagen sie sich tatsächlich über chronische Müdigkeit, ständige Lustlosigkeit und über ihr blasses, kränkliches Aussehen, ihren niedrigen Blutdruck, der mit ständig kalten Händen und Füßen einhergeht. Vegetarier und Veganer sollten täglich mindestens einen Liter rot solarisiertes Wasser trinken.

Menschen, welche die Energien der **Halbedel- und Edelsteine** nutzen, können sich dem Granat, dem Rubin und dem Hämatit zuwenden. Obwohl der Hämatit grau bis fast schwarz aussieht, hat er durch seinen Eisengehalt den stärksten Rotanteil.

Rot ist die Nahrung des Wurzel- oder Basischakras. Seine Funktionsweise bezieht sich auf alle Ausscheidungsorgane, also Niere, Blase, Enddarm, Genitalien und auf das größte Ausscheidungsorgan, auf die Haut. Menschen mit ausreichender und frei fließender Rot-Energie kann man u. a. auch an ihrer makellosen Haut erkennen. Zusätzlich nährt Rot über das **Wurzelchakra** die Nebennieren, deren funktionsmäßige Wichtigkeit ich im Einführungskapitel bereits erwähnt habe.

Auf therapeutischer Ebene verwenden wir Rot immer dann, wenn gestaute Energie ins Fließen gebracht werden muß. Denn Rot weitet die Arterien aus; dadurch fließt das Blut leichter, und es kann mehr Sauerstoff transportiert werden. Mit Sauerstoff angereichertem Blut wird die Produktion der roten Blutkörperchen (Erythrozyten) angeregt. Allein dadurch macht sich ein gesteigertes Vitalitätsempfinden bemerkbar.

Wir verwenden Rot bei sämtlichen chronischen Beschwerden, sofern sie frei von Fieber und Eiterungen sind. Dies können sein: eine chronisch verstopfte Nase, chronische Nebenhöhlen- und Ohrenbeschwerden, eine chronische Bronchitis und ebenso chronische Gelenksbeschwerden, wenn kein Entzündungsprozeß sie begleitet. Rot gibt uns die Möglichkeit, alles an die Oberfläche zu holen. Das heißt, vorab werden die Beschwerden nochmals akut, um dann gänzlich abzuheilen. Dies mag im Moment unangenehm erscheinen, langfristig gewinnt unser Körper durch die Aufarbeitung der schleichenden Beschwerden jedoch ein vielfaches an Vitalität. Diese sogenannte Erstverschlimmerung kennen wir auch von der klassischen Homöopathie.

Farben und Homöopathie entsprechen der sanftesten und heilsamsten Form der „Genmanipulation“. Noch vor der Pubertät angewandt, kann die neue, unbelastete Zellinformation später an die nächste Generation weitergegeben werden.

Mit Rot läßt sich auch körperlich bedingtes, mangelndes sexuelles Interesse – eine mangelnde Libido – anregen. (In Italien tragen alle Frauen zu Silvester rote Unterwäsche.) Wohlverstanden, rein körperlich bedingt. Denn wenn sich ein Mensch weder in seiner ureigenen Art angenommen, geachtet noch verstanden oder geliebt fühlt, dient das mangelnde sexuelle Interesse reinem Selbstschutz. Solche Abwehrmechanismen sollten sehr ernstgenommen und keinesfalls mit Rot unterdrückt oder verdrängt werden.

Rot ist eine wichtige Farbenergie für Menschen, die alleine leben müssen. Für sie ist es besonders wichtig, die lebenswichtige, natürliche, weil dem Menschen angeborene Liebesfähigkeit im Fluß zu halten.

Krankheiten und Beschwerden, die *kein* Rot vertragen: Medikamentös begleitete Herzkrankheiten, Schilddrüsenüberfunktionen mit bereits bestehender Hyperaktivität und Hypernervosität. **Kein** Rot bei Epilepsie, **kein** Rot bei bestehenden emotionalen Störungen in Form von Jähzorn usw. Um einen konstruktiven Ausdruck finden zu können, **muß** die anregende Rot-Energie unbedingt frei durch die Energiebahnen des Körpers fließen können. Ansonsten zerstreut sie sich und bringt den Organismus noch mehr durcheinander, anstatt ihn zu stärken und aufzubauen.

Wie schon erwähnt, **niemals** Rot, sondern Blau bei fiebrigen, eitrigen und entzündlichen Prozessen anwenden. Rot ist dermaßen anregend und wärmend, daß sich Bakterien unter seinem Einfluß um ein vielfaches schneller vermehren.

Falls Sie Zugang zu einem Mikroskop haben, möchte ich Ihnen empfehlen, je einen Abstrich von einem gebrauchten roten und einem blauen Handtuch zu machen, um unter dem Mikroskop nachvollziehen zu können, wieviel schneller sich die Bakterien auf dem roten Handtuch vermehren.

Anstelle von reinem Rot läßt sich für die vorgenannten Beschwerden jedoch Rosa verwenden. Ich persönlich gebe aber der energievermindernden, beruhigenden und kühlenden Wirkung von Blau den Vorzug.

Rosa vermittelt Herzlichkeit, Sympathie, Zuneigung, Mitgefühl und Zärtlichkeit. Rosa gibt ausschließlich positive, leidenschaftslose Energie ab. Es vermittelt das Gefühl der Sicherheit und des Beschütztwerdens. Dies wiederum erklärt die bekannte Rosa-Vorliebe vieler schwangerer Frauen, vieler Kleinkinder und älterer Menschen.

Konnte nun aber ein Mensch in seinem Leben Liebe, Macht und Aggression (aggregare = aufeinander zu gehen) noch nie im positiven Aspekt erfahren, wird er weder zu den lieblichen Eigenschaften von Rosa noch zu belebenden, Mut machenden, fordernden Rotqualitäten leichten Zugang finden. Viele der betroffenen Menschen sind schwermütig, weil ihr Leben bisher völlig unerfreulich und unerfüllt verlaufen ist. Sie leiden unter tausend Ängsten und haben weder die Kraft noch den Mut, ihre Lebenssituation zu verändern. Sie wagen nicht, ihren natürlichen, jedem Menschen eigenen, Machtanspruch geltend zu machen. Ebenso wenig getrauen sie sich, ihren urpersönlichen Platz auf Erden einzunehmen und diesen notfalls auch zu verteidigen. Sich selbst abzugrenzen, sich selbst treu zu sein, haben sie nie gelernt. Ihre Funktion bestand darin, es allen anderen recht zu machen, um sich keinesfalls der Kritik ihrer Mitmenschen aussetzen zu müssen. Ihr eigener Wesenskern ist ihnen dadurch abhanden gekommen.

Diese Menschen müßten sich nun dringend ihr nicht tragendes Fundament, ihr Urvertrauen, den Lebensmut und alle anderen Rotqualitäten im Nachhinein aneignen. Aber durch das seit langem bestehende Mißverhältnis leben sie meist seit geraumer Zeit im blockierten Aspekt von Rot. Deshalb müßten sie, aus therapeutischer Sicht, auf die Farbe Rosa ausweichen. Zu den Qualitäten von Rosa spüren diese Menschen aber einen ausgeprägten Widerstand. Ihre Aversion gegen diese Farbe entspricht einer natürlichen und logischen Folgerung aus den vorangegangenen unerfreulichen Lebenserfahrungen. (Lehnen wir eine Farbe generell ab, hat dies *immer* mit dem eingebetteten psychologischen Aspekt derjenigen Farbenergie zu tun).

In diesem Falle ist zu viel schmerzende Demütigung, Ohn(e)-*Macht* vorausgegangen. Zusätzlich läßt der zu Rosa gehörende Begriff der bedingungslosen, der absichtslosen Liebe in diesen Menschen einen extremen Widerstand erwachen. Sie waren ja ein Leben lang zu nett, zu gütig, zu lieb. Sie verzichteten auf ihre natürlichen Rechte, und dies ging auf Kosten eines selbstbestimmten, zielorientierten, erfüllten Lebens.

Alle Menschen, denen ihr angeborenes Urvertrauen, ihr Glauben an die absolute, allumfassende Bejahung eines jeden Lebewesens auf diesem Planeten aus irgendwelchen Gründen, meist durch die Mitwelt, abhanden gekommen ist, müssen sich des Verlustes, des Schmerzes erst einmal bewußt werden. Die Erde will uns mit dem geistigen Gesetz der Fülle in Verbindung bringen.

Schauen Sie sich mal die Pflanzen und Bäume an. Aus einem winzigen Samen erwächst ein Reichtum an Fülle. Das ist die Idee des Schöpfers – uns die Fülle seiner Idee zeigen zu können. Kein einziges Kind erblickt das Licht der Welt, erfüllt von Zweifeln und Angst, ob ihm ausreichend Nahrung und Liebe beschieden sein wird. Es sind Sinneserfahrungen, die sich im Verlaufe der Zeit abspeichern, die in uns Zweifel entstehen lassen, ob uns wohl ausreichend Erfolg, materielle Fülle und Liebesnahrung zustehen wird.

Wir selbst *müssen* uns täglich neu entscheiden, ob wir weiterhin an Mangel, Entbehrung, Enttäuschung, Krankheit und Schmerzen glauben wollen, oder ob wir unser Bewußtsein dahin führen, uns immer wieder bewußt dem auf Erden gültigen geistigen Gesetz der Fülle zu öffnen.

Alle Menschen, die vom Vertrauen in die absolute, allumfassende Liebe abgekommen sind, die schmerzliche Erfahrungen gemacht und das angeborene Urvertrauen verloren haben, müssen sich ihrer jahrelang eingenommenen Opfer- und Märtyrerrolle bewußt werden, die Enttäuschung (Ende der Täuschung), den Schmerz nochmals durchleben, um befreit aufzustehen und das eigene Leben in die Hand zu nehmen zu können.

Diese Eigenschaften, diese Energien sind im reinen Rot enthalten. Betroffene Menschen leiden aber meist bereits unter einer extremen Aversion gegen Rot. Wie können sie sich nun ihr Urvertrauen, ihren Mut, ihr Selbstvertrauen, die Kraft zurückholen, um aus dem eigenen Leben etwas machen zu können, wenn ihnen der Zugang zur Quelle dieser Eigenschaften, zu Rot fehlt?

Die Erfahrung zeigte mir, daß es sich lohnt, die brisante Thematik zunächst ruhen zu lassen, sich aber bereits mit ausreichend „roter Nahrung“ und rot solarisiertem Wasser zu versorgen. Ebenso hat die Erfahrung gezeigt, daß sich betroffene Menschen vorab eingehend und ausgiebig mit der Farbe Orange befassen sollten.

Orange vermittelt Lebenslust, Lebensfreude, befreit von alten Hemmungen und falschen Prägungen, regt die Kreativität an. Durch die intensive Beschäftigung mit dem lösenden, befreienden Orange erwächst die natürliche Kraft, sich mit der Vergangenheit auf konstruktive Art auseinanderzusetzen, die verdrängten Gefühle und Emotionen nochmals anschauen und durchleben können. Diese äußerst lohnenswerte Befreiungsarbeit eröffnet, wohlverstanden mit reichlich Geduld, den natürlichen Zugang zu den Rotqualitäten.

Egal wie unerfreulich das Leben bis heute verlief, es wird jedem einzelnen Menschen möglich, sich selbst im Nachhinein ein tragfähiges Fundament, eine gute Verwurzelung im eigenen Leben zu erarbeiten. Ein erfülltes, glückliches, selbstbestimmtes Leben, mit ausreichend Selbstvertrauen, mit Tatkraft und dem Mut, den eigenen natürlichen Machtanspruch geltend zu machen, den eigenen Platz auf Erden einzunehmen, sich gesund abzugrenzen, um seine Talente und Fähigkeiten einbringen zu können, ist der reiche Lohn für diese harte Knochenarbeit.

Während der Zeit, in der wir uns intensiv mit der Farbe Rot und der damit verbundenen psychologischen Thematik auseinandersetzen, werden wir in unserem Beziehungsfeld nicht nur Freude erleben. Rot vermittelt die Kraft, uns gegen unbefriedigende Situationen wehren zu lernen. Falls uns die Mitmenschen bisher als friedfertige Lämmchen kannten, werden sie überrascht auf unsere neue, aber äußerst notwendige Kratzbürstigkeit reagieren. Menschen, die dem „Frieden" zuliebe alles schluckten, werden streiten lernen, eine Streitkultur entwickeln. Langfristig ist dies ein äußerst gesunder Prozeß. Was war denn das für ein Frieden, der auf Kosten unserer Individualität ging?

In der Anwendung selbst ist tatsächlich nur sehr wenig Rot notwendig, damit etwas in Bewegung kommt. Dies hat mit der Geschwindigkeit der Farbe selbst, ausgelöst durch die Wellenlänge, zu tun. Schon das kurze, bewußte Betrachten eines roten Gegenstandes reicht aus, um einen momentanen Zustand der Lustlosigkeit und Schwere zu überwinden.

Eine zu intensive Konzentration auf Rot, kann sich durch plötzlich auftretende Nervosität, durch Schweißausbrüche und durch entzündungsähnliche Zustände bemerkbar machen. Oder aber wir erleben auf emotionaler Ebene unerwünschte Reaktionen, angefangen von Gehässigkeiten bis hin zu echten Wutausbrüchen. In solchen Situationen bedienen wir uns der Farbe Blau als beruhigender, energievermindernder, kühlender Gegenpol (Antidot). Mental geübten Menschen ist es möglich, sich einen wutentbrannten Menschen durchflutet und eingehüllt von blauem Licht vorzustellen (von oben nach unten). Der wütende Mensch wird sich beinahe augenblicklich beruhigen. Wütende, trotzige Kleinkinder eignen sich hervorragend als Testpersonen. Würden wir uns denselben wutentbrannten Menschen zusätzlich in Rot anstelle von Blau vorstellen, könnte der Wutanfall ganz leicht in einen Jähzornanfall ausarten.

Eine sanftere Methode, die anregende Wirkung von Rot zu testen, ist ein **in Rot gedeckter Eßtisch.** Versuchen Sie es einmal. Sie werden erstaunt sein, wie schnell und hektisch gegessen wird, wie gesprächig, wenn nicht gar kratzbürstig die Tischrunde ist, aber auch, wie schnell Ihre Lieben wieder vom Tisch verschwinden. Eine ehemalige, sehr kritische Kursteilnehmerin wandte diesen Versuch erfolgreich bei geschäftlichen Gästen ihres Gatten an. Sie war der vielen gesellschaftlichen Verpflichtungen müde. Vor allem belastete es sie, daß die Gäste immer bis spät in die Nacht hinein sitzenblieben.

Möchten Sie sich die Rot-Energie über die **Bekleidung** zuführen, gilt es zu beachten, daß die Farbe um die Beine und ums Gesäß herum mit direktem Hautkontakt getragen wird; wie bereits erwähnt, sollte die Farbe mit Tageslicht beschienen werden, um den vollen energetischen Nutzen daraus zu ziehen. Ein roter Pullover hingegen kann, anstatt zu beleben, sehr nervös machen. Die Farbe Rot gehört zum Wurzelchakra und nicht zum Herzchakra. Nur wenn der Mensch bereits einen absolut freien Zugang zur Rot-Energie hat, wirkt sie, an einem nicht-roten Chakra getragen, nicht mehr störend.

Wie verhält es sich mit roten Leintüchern und roten Pyjamas? Wie bereits erwähnt, reduziert sich die Wirkung der roten Farbe ohne Lichteinfluß auf die Grundschwingung. Solange jemand mit roten Leintüchern und Pyjamas gut und tief schläft, ergibt sich daraus kein Problem. Leidet man jedoch an Einschlafschwierigkeiten und an Schlafstörungen, sollte man versuchsweise auf rote Bettwäsche verzichten. Wünscht sich jemand eine heiße Liebesnacht, ist die Farbe Rot sehr zu empfehlen.

Erfahrungswerte zeigen, daß die Farben Rot und Orange bei unerwünschter Kinderlosigkeit eingesetzt, vor allem aufgrund schwacher Spermien, äußerst wirksam sind.

Der wärmenden Wirkung wegen – die Körpertemperatur steigt rein durch das Betrachten von Rot innerhalb kürzester Zeit um 0,5 Grad Celsius an – empfiehlt sich das Tragen von roten Socken, roten Strumpfhosen, roten Ski- und anderen Schuhen oder roten Handschuhen für alle, die schnell frieren.

Im erfolgreichen Sportleben ist die körperbezogene, schnelle, kämpferische, selbst- und siegesbewußte Farbe Rot kaum wegzudenken. Auch hier gilt die Regel, daß, am Körper getragen, die Farbe Rot optimalerweise die Füße, Beine und das Gesäß umgibt. Ich habe aber auch schon mehrmals festgestellt, daß in Kampfsportarten der visuelle Impuls von Rot unter Umständen dem Gegner mehr Energie gibt als dem Träger selbst. Diese Beobachtung bestätigt sich vor allem dann, wenn die rote Kleidung fälschlicherweise am Oberkörper getragen wird. Auch rote Skier, ein rotes Rennrad, Sportauto usw. machen durch den visuell abgegebenen energetischen Impuls Sinn.

Normalerweise fühlen sich eher extrovertierte Menschen von Rot angezogen. Rotliebhaber oder rotbetonte Menschen erwarten viel vom Leben. Voller Taten- und Bewegungsdrang, mutig, risikofreudig, ziel- und erfolgsorientiert packen sie ihr Leben an. Führungspositionen reizen sie, und **rotbetonte Menschen** sind im wörtlichen Sinn fähig, sich durchzuboxen. Kämpfen und Gewinnen gehören ein Leben lang zu ihnen, wie das Wasser zum Meer.

Trägt eine scheue, ruhige Person viel Rot, sucht sie ganz unbewußt die mutmachenden, anregenden, kräftigenden Energien dieser Farbe. Oder aber, und auch das ist möglich, die scheue Person versucht sich hinter der auffälligen Fassade zu verstecken, damit sie niemand belästigt. Bestimmt haben Sie auch festgestellt, daß Sie bisweilen bei lust- und kraftloser Grundstimmung etwas Rotes angezogen haben. Ganz unbewußt haben Sie sich die fehlende Energie zugeführt.

Als **Wandfarbe** eignet sich Rot eher schlecht. Rot läßt die Räume kleiner wirken. Je dunkler das Rot, um so intensiver die verkleinernde Wirkung. Soll Rot dennoch als Raumfarbe eingesetzt werden, dann nur in Aktivräumen oder in Eingangshallen, um die verschiedensten Menschen so schnell wie möglich miteinander ins Gespräch zu bringen.

Im Alltag, vor allem im Straßenverkehr setzt uns Rot seit jeher in Alarmbereitschaft. Ich sehe Rot! Ein alter, aussagekräftiger, immer noch gültiger Satz.

Ich möchte mich gerne noch ein wenig dem geschichtlichen Hintergrund der Farbe Rot zuwenden. Schon im alten Ägypten war Rot eine kostbare Farbe, mit der sich nachweislich die Töchter der Pharaonen schmückten. Damals kam das Schminken von Fingernägeln, Lippen und Wangen auf. Um ein klein wenig Purpurrot zu gewinnen, mußten Sklaven Tausende von Purpurschnekken sammeln, diese zerstampfen und zu einem Sud zerkochen. Die winzigen Sexualdrüsen der Purpurschnecken lieferten den purpurnen Farbstoff. Es mußten über zehntausend Schnecken sterben, um nur ein Gramm des edlen Farbstoffes zu gewinnen. Auf die heutige Zeit umgesetzt, würde sich das Färben von einem Kilo Wolle auf beinahe 4.000 Euro belaufen. Die auffallende Farbe fand auch im alten Rom Gefallen. Aber nur die sehr Reichen konnten sich den teuren Farbstoff leisten. Die Purpurherstellung im Römischen Reich wurde strengstens geheimgehalten und ständig überwacht. Nachdem die Purpurfärberei einen Boom erlebte und verschiedene Städte zu Wohlstand und Ansehen brachte, geriet das Herstellungsrezept langsam in Vergessenheit. Über längere Zeit wurden Dokumente noch mit purpurroter Tinte unterschrieben. Nach dem Zusammenbruch des Römischen Reiches war es auch mit der Verwendung von Purpur vorbei. Erst viel später fand Rot durch die Krapp-Pflanze wieder großen Einsatz. Heutzutage wird Krapp-Lack kunstlich hergestellt.

Über einen langen Zeitraum war Rot das deutliche Zeichen von Macht und Gewalt. Scharfrichter trugen die rote Robe, Kardinäle und Könige den roten Mantel als klares Zeichen, daß sie die Macht hatten, über Leben oder Tod zu entscheiden. Die einfachen Menschen, das Fußvolk, hatte sich in unscheinbare Farben aus der Pflanzenwelt zu kleiden, um in den folgsamen, unterwürfigen Verhaltensmustern zu verharren. Bis zum heutigen Tag wird bei Besuchen von Staatsoberhäuptern der rote Teppich ausgelegt.

Bereits zur Zeit der Ägypter wurde Rot als Schutzfarbe gegen Feuer eingesetzt. Es galt das hochintelligente Gesetz: Indem sich der Mensch der bedrohlichen Situation anpaßt, schützt er sich gleichzeitig davor (entsprechend dem Gesetz der klassischen Homöopathie: Ähnliches wird mit Ähnlichem geheilt). Aus demselben Grund wurde Rot bis ins Mittelalter bei Kriegen zur Körperbemalung verwendet. Es sollte nicht nur Kraft, Mut und Kampflust verleihen, sondern vor Verwundung (Blut) und Tod schützen.

In der katholischen Kirche gilt Rot als Farbe der Hölle, der sexuellen Sünde (Urtriebe), der Prostitution und der christlichen Märtyrer.

Der Vollständigkeit halber möchte ich noch erwähnen, daß jeder unserer sieben Hauptplaneten an einem bestimmten Wochentag einen farbenergetischen Schub zur Erde sendet. Die „weißen Brüder" aus Frankreich (Zisterzienser) nutzen dieses Wissen seit jeher und kleiden sich der Farbe des Tages entsprechend. Oder aber sie tragen zumindest einen Schmuckstein in der „Tagesfarbe". Zu Rot gehört der Mars, sein Tag ist der **Dienstag.**

Rückwirkend betrachtet, läßt sich vielleicht auch bei Ihnen feststellen, daß Sie hin und wieder exakt an einem Dienstag etwas längst Fälliges, das mehr Mut und Risikofreude brauchte, als Sie sich normalerweise zugestehen, angepackt und ausgeführt haben.

Menschen, die mit **Klangtherapie** arbeiten, dürfte interessieren, daß sogar jeder Ton der Tonleiter mit einer der sieben Regenbogenfarben identisch schwingt. Der Ton C ist an Rot gebunden.

Numerologisch ist die Zahl 1 der Farbe Rot zugeordnet.

Die Farbe Orange

Das Sehzentrum ist auf einen Schwingungsreiz von 460–510 Hertz angewiesen, um die Farbe Orange ausmachen zu können. Orange ist die zweite, magnetische, anregende, wärmende und belebende Farbe im Spektrum, die wir benötigen, um ein gutes Körperbewußtsein aufbauen zu können. Auch Orange beziehen wir, wie Rot, direkt aus der Erde.

Orange verkörpert das Prinzip der Lebensfreude, der Lebenslust, der Kontaktstärke, der Kreativität mit der Fortpflanzung als kreativster menschlicher Schöpfungsakt überhaupt. Die Farbe Orange spricht unseren Gefühls- und Emotionalkörper an. Indem uns diese Farbe von alten Hemmungen und falschen Konditionierungen befreit, wirkt sie sehr erfrischend, lösend, erlösend und läßt uns den verspielten Aspekt des Lebens erkennen. Ebenso schenkt uns Orange Zugang zur spielerischen Bewegungsfreude in Form von Tanzen, Skaten, Skifahren, Schlittschuhlaufen und Fahrradfahren. Aber auch andere nicht leistungsorientierte Bewegungsmöglichkeiten, beispielsweise Yoga, entsprechen Ausdrucksformen der spielerischen Bewegungsfreude des Menschen.

Die stark lösende und befreiende Wirkung der Farbe Orange setzen wir auch **auf körperlicher Ebene** ein, um jede Art von Verkrampfungen zu lösen. Sei dies eine Verspannung der Schultern, eine Rückenblockade oder ein Muskelkrampf.

Auch Verkrampfungen im Atembereich, wie sie bei Husten mit Sekretstau und bei Asthma entstehen, sprechen hervorragend auf Orange an. Zudem hilft Orange der Lunge, mehr Sauerstoff aufnehmen zu können.

Die Farbe Orange kann, unter der Voraussetzung, daß kein entzündlicher Prozeß schwelt, örtlich, innerlich (mental) wie äußerlich an jeder Stelle des Körpers verwendet werden, vor allem auch bei chronischen, rheumatischen Beschwerden.

Mit Orange habe ich meinen Gallengrieß aufgelöst. Mit ausreichend mentaler Übung lassen sich sogar Gallensteine, die einer geballten Ladung gestauter Emotionen entsprechen, auflösen. Mit Orange wird die Durchblutung, die Blutzirkulation und der gesamte Kreislauf auf sanfte, angenehme Weise angeregt und stabilisiert.

Ebenso gilt **Orange als die Nervennahrung** unter den Farbenergien. Menschen mit schwachem Nervenkostüm sollten sich vor allem über die Nahrung mit ausreichend Orange-Energie versorgen – in Form von Karotten, Honigmelonen, Kürbissen, Aprikosen, Mandarinen, Orangen, Papayas und Mangos.* Nicht zu vergessen sei die einfache Herstellung orange solarisierten Wassers, das man literweise trinken darf.

Mit ebensoviel Erfolg setzen wir Orange zur Behandlung von Depressionen ein, wobei diese offene, mitteilsame, großzügige, leuchtende Farbe vorab vehement abgelehnt wird. Auch hier arbeiten wir so lange über die Nahrung, bis die Farbe visuell vertragen wird. Interessanterweise empfinden schwermütige Menschen orangefarbene Blumen weder aufdringlich noch grell.

Orange regt den Appetit an. Eßfaulen Kindern kann mit einem orangen Tischset, orangen Servietten oder mit orangem Geschirr geholfen werden.

Erstaunlicherweise läßt sich mit dieser Farbenergie, zusätzlich zur psychischen Begleitung, den extrem vielen an Bulimie Erkrankten helfen. Ich denke, daß Bulimie, neben dem Mutterkonflikt und der Selbst- beziehungsweise Körperablehnung, sehr viel mit verschütteter Lebensfreude, mit nicht gelebter Kreativität,

---

* Alle Früchte, auch wenn sie nicht von oranger Farbe sind, haben laut Roman Brantschen einen ausgesprochenen Orange-Energie-Anteil.

mit großer Lebens- und Erwartungsangst, schlicht mit mangelndem Urvertrauen zu tun hat. Es würde zu weit führen, diese Thematik ausgiebiger zu behandeln.

Für Veganer und Vegetarier ist Orange ebenfalls eine sehr wichtige, kompensierende Farbenergie, wie bereits bei Rot dargestellt wurde.

Durch die lösende und befreiende Wirkung sowie durch das Fördern der Kontaktstärke läßt sich Orange, neben bereits bestehenden Therapien, zusätzlich hilfreich in der Therapie von autistischen Kindern und Erwachsenen einsetzen. Auch in weniger gravierenden Fällen, beispielsweise bei gefühlsverschlossenen Menschen, tun wir gut daran, viele visuelle orange Aspekte zu setzen und ausreichend Orange-Energie über die Nahrung zuzuführen.

Mit Orange läßt sich auch die verkrampfte Denkart von Kindern, die an Lese- und Rechenschwäche leiden, lockern. Viele von ihnen sind verkannte Genies. Meistens sind es äußerst kreative Wesen, deren bildhafte, irrational betonte rechte Hirnhälfte vorherrscht. Sie haben eine andere Art zu denken, die leider in unserem leistungsorientierten und verstandesbetonten Schulsystem noch keinen Platz findet.

Mittels Farbpunktur konnte ich vielen an Legasthenie und Diskalkulie leidenden Kindern und Jugendlichen helfen (wobei zusätzlich auf eine phosphatarme und basenreiche Ernährung zu achten ist). Ich stellte fest, daß ausnahmslos alle von ihnen in ihrer Kleinkinderzeit irgendein Trauma, einen Schock, mentalen, ja sogar körperlichen Mißbrauch erlebt haben. Unter körperlichem Mißbrauch verstehe ich, neben dem sexuellen Mißbrauch, auch das Schlagen von Kindern. Mentaler Mißbrauch entsteht, wenn ein Erwachsener dem Kinde droht oder ihm seine eigene Wahrheit, entgegen dem Empfinden des Kindes aufzwängt. Der Kinderalltag bietet Erwachsenen mannigfaltige Möglichkeiten zum mentalen Mißbrauch. Je nach individueller Sensibilität reicht oftmals bereits ein, aus erwachsener Sicht, „kleines Problem", um ein Kleinkind zu schocken.

Peter Mandel, der Begründer der Farbpunktur, vertritt die Meinung, daß jeder Fokus seinen Ursprung im Genitalbereich (Urenergie) hat. Wie wir bereits wissen, unterstützt Orange die Funktion des **Sakralchakras.** Dieses hat direkten Einfluß auf die Fortpflanzungsorgane und auf die Keimdrüsen. In diesem Kontext ist es interessant aufzuzeigen, daß die Farbe Orange zu jener Zeit in Mode kam, als viele sexuelle Mißbräuche aufgedeckt und thematisiert wurden. Zudem nährt das Sakralchakra die Milz- und Bauchspeicheldrüse. Früher hieß es dementsprechend auch Milzchakra. Die Milz ist ein lymphatisches Organ. Sie baut u. a. Lymphozyten (weiße Blutkörperchen) auf. Ebenso baut sie aber auch verbrauchte Erythrozyten (rote Blutkörperchen) ab. Kurzum, die Milz ist für ein leistungsfähiges Immunsystem und für die optimale Regenerationskraft des Organismus zuständig. **Wir stärken mit Orange also unser gesamtes Immunsystem.** Aus diesem Grund arbeiten wir auch bei sämtlichen Allergien mit Orange.

Übrigens: Der Zusammenhang von Allergien und mangelnder Lebensfreude, mangelndem Urvertrauen verbunden mit vielen Ängsten ist beachtenswert.

Die in Orange enthaltene Regenerationskraft läßt vielfältigste Möglichkeiten der Nutzung zu: Wir können Narben schneller und schöner verheilen lassen – auch Akne-Narben. Wir haben die Möglichkeit, die Heilung eines Knochenbruchs zu beschleunigen, vorausgesetzt, daß der entzündliche Prozeß bereits abgeklungen ist. Es ist sogar möglich, daß wir bewußt die Zellerneuerung des gesamten Organismus – auch der Haut – anregen können. Dies entspricht der Möglichkeit einer natürlichen Verjüngungskur.

Der breitgefächerte Einsatz von Orange, auf den verschiedensten Ebenen, läßt sich auf die Zusammensetzung der Farbe selbst zurückführen. Mischen wir Rot mit Gelb, entsteht Orange.

Das heißt, Orange trägt in sich vereint die positiven Eigenschaften dieser beiden Farben. Dies sind einerseits die sehr körperbezogenen Attribute von Rot, dem pulsierenden Leben, einschließlich dem ausgeprägten Bewegungs- und Tatendrang, geprägt von einer tiefen umfassenden Lebensbejahung mit Mut und Risikofreude. Andererseits sind in Orange bereits die Eigenschaften von Gelb, das sich auf unsere Denkkraft bezieht: auf unseren Intellekt, mit der gesamten Denk- und Konzentrationskraft, mit geistiger Abenteuerlust, mit Gedankenfreiheit, mit der Möglichkeit der Einsicht und der Erkenntnis. Zusätzlich profitieren wir von den Eigenschaften der Frohmut, Heiterkeit und der natürlichen Kontaktfreude, die Gelb in sich trägt.

Der für uns wichtigste Aspekt aus dieser Vereinigung von Rot und Gelb ist folgender: Wir dürfen mit Orange aus all diesen positiven Eigenschaften Nutzen ziehen, bevor sie von unserem ausgeprägten Verstand, den wir erst über Grün ansprechen werden, zensiert worden sind.

Dies erklärt, weshalb Orange gleichzeitig auf unser geistig-intellektuelles, auf unser gefühlsmäßiges, emotionales *und* auf unser körperliches Wohlbefinden einwirken kann. Durch diese günstige Verbindung wird es möglich, in ein und derselben Person die verschiedenartigsten Elemente auszugleichen und zu stärken. Beispielsweise kann mittels Orange einem gehemmten, traurigen, lethargischen und konzentrationsschwachen Menschen ebenso geholfen werden wie einem hyperaktiven, ruhelosen und hypersensiblen Menschen.

Diese Farbe hilft sogar die überschwenglichsten Gefühle in zielgerichtete Bahnen zu lenken, damit über die angesprochene Kreativität ein konstruktiver, schöpferischer Ausdruck gefunden werden kann (man denke an die äußerst kreativen Schübe, die beim Verliebtsein entstehen).

Ich möchte kurz auf die **orangefarbenen Gewänder** der buddhistischen Mönche eingehen. Über die Farbwahl ihrer Kutten bejahen diese Menschen bewußt ihre Körperlichkeit. Sie beziehen die angeborene Kreativität, die Gedanken- und Gefühlswelt, die Heiterkeit, die Jugendlichkeit, die Kontakt- und Bewegungsfreude mit in ihr Leben ein. Dadurch wird echte, gesunde Transformation möglich.

Wir haben nun sehr viel Gutes, Nützliches und Erfreuliches über die Farbe Orange gehört. Erstaunlicherweise fehlt diese fröhliche Energie in unseren „gemäßigten Zonen" am meisten. Das Fehlen der Orange-Energie bemerken wir am ehesten an unserem Temperament. Bei uns erwünscht sind sachliche, zweckbezogene, emotionslose Diskussionen, ernsthaftes, um nicht zu sagen verbissenes, pflichtbewußtes Arbeiten einschließlich einem, in jeder Lebenssituation unauffälligen, beherrschten Wesen. Es wird von uns allen erwartet, daß wir unsere Gefühls- und Emotionswelt im Griff haben. Freudenausbrüche, Wut, Trauer und Enttäuschung, alles was uns wirklich menschlich und lebendig macht, hat keinen Platz in unserer Gesellschaft – vor allem nicht am Arbeitsplatz.

Fühlen heißt Leben,
Denken heißt Leben auf Eis legen.
Ist die Zeit reif, kommen Denken und Fühlen zusammen,
wobei das Denken in den Bereich des Fühlens integriert wird.

Nimmt sich bei uns ein Mensch die Freiheit heraus, sein wirkliches Menschsein zu leben, zu zeigen, muß er damit rechnen, auf Ablehnung zu stoßen, oder zumindest erschreckt er seine Umwelt massiv. Schlimmstenfalls riskiert er seinen Job, während beispielsweise Südländer freud- und lustvoll ihre Arbeit verrichten, dabei ein Liedchen pfeifen, einige Worte mit dem Nachbarn wechseln und mit derselben Selbstverständlichkeit ihrer Freude, ihrem Ärger, ihrer Wut und ihrer Trauer lauthals und gestikulierend Ausdruck geben, ohne dabei unnatürliche Schuldgefühle zu entwickeln, wie wir uns dies leider angewöhnt haben.

Es gibt noch einen anderen Grund, weshalb die Menschen der Mittelmeerländer temperamentvoller sind als wir. Das Meer ist Träger der Urenergie, auch Prana genannt. Wir können uns das Meer wie einen Behälter voll konzentrierter Lebenskraft und Lebensfreude vorstellen. Es entspricht einer körperlogischen Folgerung und keiner Einbildung, daß wir uns am Meer befreiter, gesprächiger, fröhlicher und vitaler fühlen. Die Ferien ab und zu am Meer zu verbringen ist sehr empfehlenswert. Im Norden sind die Menschen der Meeresländer nicht unbedingt fröhlicher und temperamentvoller, dafür aber zäh im Durchhalten.

Es ist für uns alle sehr wichtig, daß wir auch unserem Emotional- und Gefühlskörper ausreichend Raum in unserem Leben geben. Ansonsten reagiert der Körper auf diese Unterdrückung über kurz oder lang mit Energieblockaden. Meist zeigen sich vorab Beschwerden psychosomatischer Natur, die, unbeachtet gelassen, gemäß der individuellen Konstitution tatsächlich in manifeste Krankheiten ausarten können.

Die Farbe Orange weckt nicht nur die Thematik, sondern sie gibt uns auch die notwendige Energie, damit wir uns mit der angeborenen Emotionalität und der Gefühlswelt auseinandersetzen können. Nehmen wir uns wichtig genug, diesen Prozeß zu durchlaufen und zu durchleben, werden aus Emotionen klar artikulierbare Gefühle, und wir erleben eine unglaubliche Befreiung unseres innersten Wesens. Leben wir mit unserem Orange-Energieanteil in Einklang, sind wir gutgelaunt, fröhlich, ungezwungen, gefühlsbetont, gesellig und kontaktfreudig, und wir sprühen beinahe vor Kreativität.

In jedem von uns ist ein kleiner Mitschöpfer versteckt. Dies braucht sich nicht einmal in weltbewegender Weise zu zeigen, aber irgend etwas Bestimmtes, noch nie Dagewesenes, will sich durch jeden Menschen auf der Erde manifestieren. Lassen wir die Kreativität verkümmern, fühlen wir uns zwangsläufig lustlos, frustriert, und wir werden äußerst unzufrieden.

Viel des heutigen Konsumtrips, der vielen Depressionen, der Drogensucht, der extrem vielen Selbstmorde Jugendlicher, der Gewalttätigkeiten und der Kriminalität wären zu vermeiden, wenn jedem einzelnen Kind seine unerschöpfliche Kreativität erhalten bliebe. Womit wir wieder einmal mehr unser verstandesbetontes Schulsystem, mit seiner Leistungsorientiertheit und seinen Perfektionsansprüchen, hinterfragen müßten.

Auf körperlicher Ebene zeigt sich das freifließende Orange in einer guten Funktion der Fortpflanzungsorgane, einer ebenso guten Funktion der Milz und der Bauchspeicheldrüse. Unsere Abwehr- und Regenerationskraft ist intakt. Wir sind frei von Allergien und haben einen stabilen Kreislauf. Ein krasses Mißverhältnis zur Orange-Energie zeigt sich logischerweise in Störungen der obigen Funktionsweisen. Die krasseste Ausdrucksweise einer Disharmonie der körperlichen Urkräfte kann sich in Form von Blutkrankheiten, Leukämie bei extremem Orange-Energiemangel und Anämie bei ausgeprägtem Rot-Energiedefizit zeigen.

Orange wirkt wie ein zündender Funken und lädt uns ein, den Tanz des Lebens freudvoll mitzutanzen.

Diese Farbenergie hat sehr wenig negative Aspekte. Nennenswert dürfte die innere Zerrissenheit sein, die mit dem Wesen der Mischfarbe zu tun hat. Sich allzusehr zur Schau stellen zu müssen, süchtig nach Bewunderung, den Ovationen der Mitmenschen zu sein, sogar bis zum Exhibitionismus (Blitzer) reichend, sind weitere Ausdrucksmöglichkeiten des negativen Aspektes. Der

Überzeugung zu sein, das wahre Gesicht ein Leben lang hinter einer Clownmaske verstecken zu „müssen“ ist, meines Erachtens, der traurigste Effekt der blockierten Orange-Energie.

Menschen mit ausgeprägtem Orangeanteil erkennt man an der sprechenden Mimik, an den gestikulierenden Händen und an ihrer ausgeprägten Kreativität. Diese Menschen erschaffen und schöpfen ein Leben lang Neues – vorausgesetzt, daß in ihnen die angeborenen Talente nicht vorzeitig unterdrückt wurden. Was sie kreieren und erfinden, ist lebenspraktisch und dient den Mitmenschen dazu, die Härte des Alltags zu mildern, das Leben zu verschönern. Viele von ihnen sind die eigentlichen Improvisations- und Lebenskünstler.

Unter orangebetonten Menschen lassen sich auch viele Kindergärtner, Ballett-, Koch- und Werklehrer, Friseure und Floristen finden. Es sind gesellige, kontaktstarke Menschen, ohne jegliche Berührungsscheu. Sie haben eine spezielle Art, ihren Mitmenschen das Gefühl der Freundschaft, des Willkommenseins zu vermitteln. Es wirkt, als ob sie in freudiger, bereichernder Art immer einen Teil von sich selbst verschenken würden.

Sie selbst sind auf die Anerkennung der Mitmenschen angewiesen, ohne dabei stolz zu werden. Der Grund dafür liegt in der inneren Zerrissenheit, die sie zeitweise stark an sich selbst zweifeln läßt. Auf denselben Aspekt lassen sich auch die extremen Kreativitätsphasen, mit anschließender völliger Erschöpfung, zurückführen. Beispielsweise: Eine Inspiration in der Nacht läßt sie Zeit, Raum, Angehörige, Mitwelt und einengende Termine vergessen. Auch verweigern sie sich mit großem Widerstand der Alltagsroutine. Durch die ausgeprägten Kreativitätsschübe und die ebenso ausgeprägten Temperamentsschwankungen entsteht ein chaotischer Lebensrhythmus. Für orangebetonte Menschen ist es von großer Wichtigkeit, bewußt etwas Struktur in ihr Leben zu bringen. Ansonsten wird ihr Körper langfristig die bereits genannten Symptome im Bereich des Sakralchakras zeigen. Will man diese Menschen in die üblichen Schablonen und Zeitraster drängen geht ihnen die Inspiration, der zündende Funken verloren. Dieses Unterfangen wirkt sich für orangebetonte Menschen sehr frustrierend aus.

In der Praxis hat sich hierfür die Auseinandersetzung mit Indigo sehr bewährt. Durch Indigo stellt sich die Inspiration über die Intuition, über die unmittelbare geistige Wahrnehmung ein. Es kann in einer noch viel tieferen, ganzheitlicheren Art geschöpft, entworfen und entwickelt werden. Zudem vermittelt Indigo Verantwortungs- und Pflichtbewußtsein und trägt die Eigenschaften der Genauigkeit und Ordentlichkeit in sich.

Menschen, die **Orange als Lieblingsfarbe** wählen, haben eine ausgeprägte Neigung zum Basteln und Entwerfen, in welcher Form auch immer. Zumindest kreieren sie in der Küche ohne jegliches Rezept die feinsten Mahlzeiten.

Den Lachston bevorzugen Menschen, die gerne in sozialen Einrichtungen mitarbeiten. Es ist ihnen ein Anliegen, ihre Energie zum Wohle der Mitmenschen einsetzen zu können, ohne dabei gleich zum Helfer und Heiler werden zu müssen. Es gibt ein einziges, sehr destruktives Braun-Orange. Hat ein Mensch diesen Farbton zu seiner absoluten Lieblingsfarbe gewählt, muß man davon ausgehen, daß es sich um jemand handelt, der mit sich und seinem Leben nichts anzufangen weiß, der sich übermäßig an andere anlehnt und diesen ihre Energie raubt.

Trotz des vielen Guten, das wir über diese heilsame Farbenergie gehört haben, sollten wir damit sanft und wohldosiert an die Arbeit gehen. Alle anregenden Farbenergien können bei einem Zuviel zu psychischer und physischer Überreizung führen. Um eine anfängliche Überreizung zu vermeiden, dies gilt vor allem bei einem ausgeprägten Orange-Energiemangel, können wir mit dem sanfteren Apricot arbeiten. Bei schon vorliegender Überreizung weichen wir auf Indigo (Mitternachtsblau) als Antidot aus. Führt jemand bereits Farbmeditationen aus, gilt es zu beachten, daß Rot, Orange und Gelb ihrer belebenden Wirkung wegen besonders für eine Meditation am Morgen geeignet sind. Die drei Farbenergien werden mittels Vorstellung durch die Füße aufgenommen, um sie dann gezielt und bewußt durch den Körper und sämtliche Organe zu führen.

Wie eingangs erwähnt, ist die Dreiheit von Licht, Bewegung und Klang notwendig, um unsere Mitte überhaupt erfahren zu können.

Neugeborene und sehr deprimierte Menschen vertragen kein reines Licht. Es ist ihnen zu stark, zu grell. Farben und Töne vertragen hingegen alle. Im Hinblick darauf möchte ich gerne kurz auf die spezifische Wirkungsweise der Töne, beziehungsweise der verschiedenen Musikrichtungen, eingehen.

Zu Orange gehört der Ton D. Beginnen wir Musik bewußt zu hören und nehmen ein großes Blatt Papier und Farben zur Hand (oder wir schließen die Augen beim Zuhören), werden wir sehr schnell feststellen, daß wir schnelle Musik und Dur-Tonarten unbewußt in Rot-, Orange- und in Gelbtöne umsetzen. Langsame Musik und Moll-Tonarten setzen wir hingegen eher in Blau- und dunkle Grüntöne um. Höhere Töne setzen wir automatisch in helle Farben um, tiefere Töne eher in dunkle Farben.

Marsch- und Militärmusik, Rock, Rap und Techno sind ausschließlich auf die Mobilisierung unserer Körperkräfte abgestimmt, sie ermuntern uns und unsere Muskeln zu kraftvollen Taten. Es hatte seinen Sinn, daß beim Einzug in den Krieg die Militärmusik vorauszog.

Die Wirkung von leichter *Tanz- und Unterhaltungsmusik* in Form von Schlagern usw. sollte nicht unterschätzt werden. Diese Musik verbreitet Heiterkeit und belebt unser Temperament. Übrigens rede ich hier nicht von den romanzensüchtig machenden Stücken, wie „Ich kann ohne dich nicht leben" und dergleichen, sondern wirklich von leichter, belebender Unterhaltungsmusik. Musik dieser Art birgt einen gewichtigen Anteil zur leichteren Bewältigung unserer, sich bis zur Stumpfsinnigkeit wiederholenden, Alltagsarbeiten. Versuchen Sie einmal, mit schwerer klassischer Musik zu bügeln, aufzuräumen oder zu putzen, und einmal mit leichter Unterhaltungsmusik.

Lieder, Operetten und Opern beleben das Gefühlsleben. Sie bergen die Möglichkeit, an sich hartherzige Menschen zu öffnen. Leider aber lassen sich hartherzige Menschen selten zum Anhören von Liedern, Operetten und Opern bewegen.

Klassische Musik wirkt mental. Sie bringt Ordnung in unseren Geist und befreit uns von Illusionen jeder Art.

Barock- und Renaissancemusik entbehrt der grellen Kontraste. Durch den harmonischen Zusammenklang führt uns dieser Musikstil ins Bewunderungswürdige. Sie weckt uns für unsere sanfte Seite, unsere Innerlichkeit und unseren Ursprung auf.

Die Sphärenmusik: Vielfach wird die Meinung vertreten, die Sphärenmusik entspräche einem neumodischen, esoterischen Trend. Diese Art von Musik gab es aber bereits in der Zeit von Pythagoras (um 570–496 v. Chr.). Die Sphärenmusik regt uns an, den göttlichen Funken in uns, unseren schöpferischen Ursprung zu spüren – uns wieder mit dem inneren Licht zu vereinen. Diese Musik bietet uns die Gelegenheit, den Zusammenhang hinter allen Seins- und Lebensformen zu erfahren. Es wird möglich, die Wahrheit der ewig gültigen geistigen Gesetze zu entdecken. Durch die Sphärenmusik erleben wir den universellen Zusammenklang der gesamten Schöpfung. Sind wir für diese Dimensionen des Seins noch nicht offen genug, wird uns die Sphärenmusik langweilen, oder wir lehnen sie bewußt ab.

Von unserer Musikexkursion zurück zur *räumlichen Verwendung* der Farbe Orange. Orange lädt zum gemütlichen, geselligen, freudigen Verweilen ein. Daher ist es eine sehr empfehlenswerte Farbe für Eß- und Wohnzimmer, Speiselokale und Clubs. Setzt man die Farbe direkt zur Raumbemalung ein, gilt es eher feinere Nuancen zu wählen, beispielsweise eine 10-20 %ige Beimischung.

Eine einfachere und nach Lust und Laune wandelbare Möglichkeit besteht darin, den Tisch in Orangetönen zu decken oder ausreichend andere visuelle Aspekte einzusetzen. Der Phantasie sind keine Grenzen gesetzt. Ich erwähnte bereits, daß Orange nicht nur die freudige, unbeschwerte Geselligkeit anregt, sondern auch den Appetit fördert. Diese Tatsache hilft dem Koch/der Köchin bei der Herstellung des Menüs die richtige Menge zu berücksichtigen.

Unterhaltungsbereiche, Tanzlokale, Schulhauskorridore, Altersheime, unterirdische Gänge in Spitälern u. ä. sollten ausreichend viel leuchtendes Orange vorweisen. Kindergärten, Kochschulen, Handarbeits-, Spiel-, Werk- und Bastelzimmer in leuchtendem Orange, kombiniert mit Violett, fördern die kreative Schaffenskraft maximal. In Räumen dieser Farbkombination entstehen erstaunliche Werke. Orange in Kombination mit Violett und Schwarz eignet sich hervorragend als Sportbekleidung.

Hingegen ist **Orange wie Rot keine Schlaffarbe** – es sei denn, daß zeugungsschwaches Sperma gestärkt werden soll. Erstaunlicherweise aber wünschen sich Kinder mit traumatischen Erlebnissen sehr oft orangefarbene Bettwäsche. Diesem Wunsch würde ich jederzeit nachkommen. Denn Kinder spüren sehr genau, was sie brauchen. Will man sich die Orange-Energie mittels Kleidung zuführen, gilt es diese um das Becken, um den Rumpf herum zu tragen.

Der **Planet,** der uns Orange-Energie sendet, ist die Sonne. Ihr Tag ist der **Sonntag.**

Zum Schluß noch die wichtigsten **Halbedelsteine,** die uns ebenfalls mit Orange-Energie unterstützen: Karneol, Sonnenstein,

Feueropal, oranger Mondstein und der Bernstein, wobei der letztgenannte eine Mischung aus Orange- und Gelb-Energie abgibt.

Numerologisch gehört die Zahl 2 zu Orange.

Die Farbe Gelb

Gelb hat ein Spektrum von 520-530 Hertz und entspricht der dritten Farbe im Spektrum. Zugleich handelt es sich dabei um die letzte der drei magnetischen, anregenden und wärmenden Farbenergien, die wir direkt aus der Erde beziehen. Betrachten wir die Abbildung auf Seite 14 wieder einmal, ist festzustellen, daß die Wellenlängen mit jeder weiteren Farbe abnehmen, zugleich aber die einzelnen Schwingungsfrequenzen zunehmen. Das heißt, von je kürzerer Wellenlänge eine Farbe, um so intensiver ist ihre Wirkung.

Inzwischen wissen wir, daß jede der magnetischen Farbenergien, bei einer zu intensiven Konzentration, Überreizungen hervorrufen kann. Bei Gelb gilt es zusätzlich zu beachten, daß diese Farbe in ihrem eigenen Charakter recht ambivalent wirken kann.

Schon Goethe beschrieb die Zweischneidigkeit von Gelb am Beispiel des schmutzigen Gelb von Schwefel. So angenehm, heiter und erfreulich die Ausstrahlung von Gelb wirkt, ebenso empfindlich reagiert dieselbe Farbe, wenn sie ins Minus gezogen wird. Betrachten wir die schmale „Bandbreite" der Hertzfrequenz. Mit nur 10 Hertz Unterschied ist Gelb nicht mehr Gelb. Grün hat 100 Hertz Spannbreite, um immer noch als Grün wahrgenommen zu werden.

Persönlich erkläre ich mir die ambivalente Wirkung von Gelb bildhaft: Wo viel Licht ist, ergibt sich durch die vorhandene Materie auch viel Schatten. Je lichtundurchlässiger die Materie ist, um so dunkler zeigt sich der Schatten. Dieses Bild läßt sich leicht auf uns Menschen projizieren.

Betrachten wir diese Aussagen noch etwas eingehender. Gelb wirkt immer zentripetal, das heißt, es strahlt nach außen ab. Es erleuchtet, falls kein Hindernis da ist, die gesamte Umgebung.

Gelb hat keine starren Grenzen, es wirkt lösend, kann aber auch sehr leicht selbst aufgelöst werden. Gelb läßt sich ganz einfach mit anderen Farben vermischen. Es verleiht ihnen mehr Strahlkraft. Gelb kann sich aber ebenso schnell in denselben Farben verlieren, durch andere Farben gedämpft werden. Durch die verlorene Strahlkraft wirkt es schmutzig.

Auf den Menschen bezogen, nimmt Gelb direkten Bezug zur Entscheidungskraft. Es bleibt uns überlassen, von Gelb die strahlende Seite mit Frohmut, Heiterkeit und Kontaktfreude anzunehmen. Mit dieser Farbenergie können wir unsere intellektuellen Fähigkeiten, das abstrakte Denken, anregen, die Konzentrations- und Denkkraft stärken. Ebenso hilft uns Gelb, die Feinsinnigkeit anzuregen. Wir erhalten soviel Einsicht und Erkenntnis, daß es uns möglich wird, die Wahrheit und die tiefen Zusammenhänge, die hinter allem Sein verborgen sind, zu entdecken.

Daraus entsteht Gedankenfreiheit, innere Freiheit, Unabhängigkeit und geistige Abenteuerlust. Durch diese tiefen Einsichten erwächst in uns die Lust und die Kraft, unser Leben immer mehr Schritt für Schritt nach den eigenen Vorstellungen und Überzeugungswerten zu gestalten, anstatt wie ferngesteuerte Wesen unsere Zeit zu vergeuden.

Um nochmals auf die menschliche Entscheidungsfreiheit und die damit korrespondierende Zweischneidigkeit von Gelb zurückzukommen, ist es uns ebenso freigestellt, ob wir unsere intellektuellen Fähigkeiten brachliegen lassen – ob wir uns weiterhin geistig von unseren alten Mustern und unserer Umgebung einengen lassen oder nicht. Wir können unsere geistigen Höhenflüge als unrealistische Hirngespinste abtun und uns als Opfer der verschiedensten Umstände betrachten.

Tatsächlich sind wir es selbst, die wählen müssen, ob wir unser Dasein auf der Sonnen- oder Schattenseite des Lebens verbringen wollen. Auch wenn unsere Überzeugung bisher eine ganz andere war: Der Mensch als Krone der Schöpfung hat die Wahl und die Pflicht, selbst zu wählen, was er denkt, erwartet, wie er sein Leben gestalten will. Einige Lernprozesse, Stationen im Leben sind vorgegeben. Die Entscheidung des Menschen, ob er sich als Opfer fühlen oder ob er in jeder Schwierigkeit eine versteckte Möglichkeit entdecken will, die zu nutzen tiefe Erkenntnis schenkt, ist dem freien Willen des einzelnen überlassen.

Logischerweise wird jeder Mensch, dem der Mut fehlt, sein wirklich eigenes Leben zu gestalten und zu leben, mit der Zeit äußerst unzufrieden und von vielen rationalen und irrationalen Ängsten geplagt (Rot-Thematik). Durch diese Tatsachen wird es möglich, dem negativen Aspekt von Gelb Tür und Tor zu öffnen. Der Mensch wird eifersüchtig, neidisch, geizig (es gibt auch intellektuellen Geiz), klebt an unnatürlichen Machtgelüsten, dreht sich im egozentrischen Kreis, ärgert sich über Kleinigkeiten (bis die Galle hochkommt) und entwickelt sich bis hin zum Gemeinschafts- oder Haustyrann. Betrachten wir unsere Mitmenschen etwas eingehender, stellen wir fest, nur wenige schaffen, die eigene Vorstellung vom Leben in die Tat umzusetzen. Viele beklagen sich lieber ein Leben lang über die bösen Mitmenschen, über das schlimme, einengende Gesellschaftssystem.

Meiner Meinung nach liegt in dieser Thematik die Auflösung, weshalb der Farbe Gelb, trotz ihrer Strahlkraft, soviel Negatives nachgesagt wird. In Kursen höre ich zu Gelb immer wieder Assoziationen in Form von eckig, unaufrichtig, falsch, neidisch, giftig und gehässig. Gelb wird auch mit Schizophrenie assoziiert. Mütter von unehelichen Kindern, Prostituierte und Juden erhielten gelbe „Stempel“.

Ich möchte mich nun aber lieber dem vielen Guten, das die Gelb-Energie auslöst, zuwenden. **Der gesamte Prozeß, den Gelb in Bewegung bringt, löst eine körperliche, geistige und intellektuelle Entschlackung aus.** In der Natur gilt der Frühling als

Zeit der Entschlackung. Betrachten wir die Frühlingsblumen, stellen wir mit Erstaunen fest, wie viele davon gelb sind. Gelb hat den höchsten Lichtanteil unter den Farbenergien. Deshalb wird es auch als Farbe der Sonne bezeichnet, obwohl der Planet Sonne Orange-Energie aussendet.

Goldgelb ist das stärkste Antidepressivum unter den Farbenergien. Genauso entschieden wird diese leuchtende Farbe von den Betroffenen abgelehnt. Sie ist ihnen viel zu leuchtend, viel zu grell, viel zu aufdringlich. Vielfach nimmt man in der Farbtherapie Rücksicht auf ausgeprägte Aversionen und läßt vorab die Zeit-, die Lieblings- und die Komplementärfarbe wirken. Bei Gelb gilt dies nicht. Trotz der krassen Abneigung müssen die betroffenen Menschen die Farbe visuell wahrnehmen.

Damit die Kräfte des gesamten Organismus mobilisiert werden und der Heilungsprozeß in Gang kommen kann, muß der Impuls von Gelb aufgenommen werden. Am einfachsten und angenehmsten läßt sich diese Wahrnehmung wiederum über die Blumenwelt durchführen. Als Beispiel hierfür sind gelbe Krokusse, Osterglocken, Löwenzahn, Forsythien, gelbe Rosen, Raps oder Sonnenblumen zu erwähnen.

Zusätzlich arbeiten wir auch hier über **die Nahrung** in Form von Mais, Sellerie, Schwarzwurzeln, Ananas, Bananen, Grapefruits, Zitronen, gelben Trauben, Melonen, Nüssen aller Art, Kastanien, Quitten, gelben Papayas und Mangos (Orange/Gelb-Energie). Außerdem stellen wir reichlich gelb solarisiertes Wasser zur Verfügung. Bei schwerwiegenden Depressionen muß unbedingt auch therapeutische Hilfe eingeholt werden. Es ist bekannt, daß sich Vincent van Gogh mit seinem wunderbar leuchtenden Goldgelb und seinem unstillbaren Sonnenhunger unbewußt von der tiefen Schwermut – seiner Psychose – zu heilen suchte. Menschen, die an cholerischem Aufbrausen, an Ruhelosigkeit oder an Schilddrüsenüberfunktion mit Hyperaktivität leiden, dürfen ausschließlich mit sattem Goldgelb arbeiten. Goldgelb stärkt das vegetative Nervensystem. Helles Gelb sowie Zitronengelb sollten vorerst gemieden werden.

Mit Zitronengelb regen wir den Stoffwechsel- und den Verdauungsprozeß zwecks Entschlackung und Entgiftung des gesamten Organismus an. Der Gallenfluß wird gesteigert, die Leber entgiftet deshalb besser; die Funktion der Bauchspeicheldrüse, des Magens und der Därme wird angeregt. Mit Zitronengelb schwemmen wir angesammelte Kalk- und Harnsäureablagerungen aus. Deshalb ist Zitronengelb eine äußerst hilfreiche Farbenergie bei arthritisch-rheumatischen Beschwerden und bei Cellulite. Außergewöhnliche Resultate lassen sich bei Gicht, einer Fettstoffwechselstörung mit extremen Harnsäureablagerungen in den Gelenken, erzielen.

Zur Ausschwemmung von Ablagerungen im Bindegewebe, in den Gelenken und bei Gewichtskorrekturen empfiehlt es sich sehr, morgens auf nüchternen Magen den Saft einer frisch ausgepreßten Zitrone, verdünnt mit einem Glas lauwarmen Wasser, zu trinken. Dieses Gemisch wird im Magen alkalisch und nicht sauer, wie fälschlicherweise angenommen wird. Ist der Stoffwechsel bereits dermaßen irritiert, daß die Umwandlung der Zitronensäure in Base nicht mehr stattfinden kann, reagiert der Organismus sofort. Das heißt, der betroffene Mensch verträgt das Zitronensaft-Gemisch nicht. Es wird ihm entweder übel, oder aber er bekommt einen geröteten Darmausgang. In diesen Fällen ist zur Entschlackung ein Gemisch aus Apfelessig und Honig zu empfehlen. Zitronengelbe Leggings, beispielsweise bei Tageslicht zur Hausarbeit getragen, sind ein vorzügliches Kleidungsstück, um das Bindegewebe der Oberschenkel und des Gesäßes zu entschlacken und zu festigen.

Mit hellem Gelb regen wir auch den Lymphfluß an. Die Lymphflüssigkeit hat vielfältige Aufgaben. Pro Tag werden im menschlichen Körper zwei bis drei Liter hellgelbe Lymphflüssigkeit produziert. Wir unterscheiden drei Hauptlymphzonen: den lymphatischen Rachenring, die Brust- und die Bauchlymphe. Die Hauptfunktion der Lymphe ist ähnlich der einer Kläranlage. Die Lymphflüssigkeit ist Träger der Schlacken- und Giftstoffe. Sie bewegt sich sehr langsam und hat keine eigentliche Pumpstation, wie die Blutflüssigkeit, die mit dem Herzen als Pumpe bewegt wird. Für ihren Fluß ist sie auf Eingeweidebewegungen, Muskelkontraktionen, arterielle Pulsationen und auf die Veränderung der Druckverhältnisse bei der Atmung angewiesen. Ist die Lymphflüssigkeit erst einmal gestaut, kann sie sich schwer selbst entstauen. Die Lymphknoten als eigentliche Klärschlammbecken schwellen an. Infolgedessen können Infekte entstehen. Ist beispielsweise der lymphatische Rachenring gestaut, entstehen Infekte der Ohren, des Halses, der Nase und der Nebenhöhlen.

Gelb ist dem dritten Chakra, dem **Solarplexus,** dem Sonnengeflecht zugeordnet. Hier, vor der hinteren Bauchwand am unteren Ende des Brustbeins, kommen alle Nervenfasern zusammen. Deshalb wird das Sonnengeflecht auch als Lebensnervenknoten bezeichnet.

Das Sonnengeflecht, der Solarplexus, hat die Aufgabe einer außerordentlich wichtigen Filterstation, die *alle* auf uns niederprasselnden Sinneseindrücke aufnimmt und diese bestenfalls gefiltert über die Reizleitungen des Nervensystems an das Gehirn weitergibt. Vom Gehirn aus werden diese Sinnesreize mittels verschiedenster Hormone über das Blut und das Nervensystem mit unwahrscheinlicher Geschwindigkeit bis in die äußerste Zelle unseres Organismus geleitet.

Stellen wir uns einmal vor, wie unendlich viele Sinneseindrücke im Verlaufe eines einzigen Tages auf unser Sonnengeflecht einwirken: angefangen vom morgendlichen Zeitunglesen beim Frühstück, bei laufendem Radio, die Eindrücke im Straßenverkehr, am Arbeitsplatz, beim Einkaufen, durch Familie und Mitmenschen, die Reizüberflutung über Werbung und Filme bis hin zu den Nachrichten am Abend, möglichst noch vor dem Schlafengehen, Wochenenden und Ferien voller Aktivität und selbst hier kein Ruhefaktor.

Tatsächlich entspricht es „nur" einer körperlogischen Folgerung, daß das Sonnengeflecht beinahe aller Menschen der heutigen schnellebigen, reizüberfluteten Welt chronisch überfordert ist. Bereits Kleinkinder leiden an Sinnesreizüberflutungen. Umgesetzt bedeutet dies, daß die Sinneseindrücke das Gehirn nur teilweise oder sogar gänzlich ungefiltert erreichen. Sie werden ebenso ungefiltert als Information (als Wahrheit) in jede Körperzelle weitergeleitet und führen zu dem Ergebnis, daß überall Streß entsteht: Streß in den Organen, Streß im ganzen Wesen, Streß in jeder Zelle, mit folglich mangelnder Durchblutung und eingeschränkter Stoffwechselfunktion usw.

Je nach Konstitution des einzelnen Menschen führen diese andauernden Sinnesüberreizungen über kurz oder lang zu entsprechenden Beschwerden. Meist beginnen sie mit vegetativen Störungen in Form von allgemeiner Unruhe, Nervosität, Konzentrations- und Schlafstörungen, Schwindel, Zittern, Magenbeschwerden mit Verdauungsstörungen, Kopfschmerzen, Allergien, nervösen Herzbeschwerden, unkontrollierten Schweißausbrüchen, feuchten und/oder kalten Extremitäten und weitverbreiteten Zwerchfellverspannungen.

Die Funktion des Zwerchfells ist von viel größerer Wichtigkeit als gemeinhin angenommen. Das Zwerchfell stützt die Atemorgane, ebenso wie es die Bauchorgane massiert. Ohne Zwerchfell wäre die Atmung unmöglich. Mit verspanntem Zwerchfell ist der harmonische Atem- und Energiefluß eingeschränkt. Vor allen Dingen ist richtiges Ausatmen nicht mehr möglich. Für den Organismus hat dies zur Folge, daß die verbrauchte Luft mit ihren Schlackstoffen in den Zellen verbleibt. Der frisch eingeatmete Sauerstoff kann sich gar nicht richtig verbreiten. In den Zellen entsteht mit der Zeit ein Sauerstoffdefizit, das eine eingeschränkte Organfunktion nach sich zieht. Der gesamte Energiefluß, die Vitalität des Menschen, wird eingeschränkt. Chronische Müdigkeit ist eine der Folgen. Auch die Sauerstoff- und Energieversorgung des gesamten Organismus läßt sich mittels Energetischer-Terminalpunkt-Diagnose dokumentieren.

Sogar das Fließen sexueller Energien wird durch Zwerchfellverspannungen blockiert. Die Lust kann nur noch begrenzt auf die Sexualorgane wahrgenommen werden. Das Fließen dieser Energien durch den gesamten Körper, einschließlich des Kopfes, bleibt aus. Kopf und Körper des Menschen werden getrennt erfahren. Erfüllung im eigentlichen Sinne kann nicht mehr stattfinden. Dies entspricht einer außerordentlichen Verarmung der menschlichen Möglichkeiten.

In diesem Zusammenhang möchte ich noch erwähnen, daß die Farbe Gelb die visuelle Erotik fördert.

Da die richtige Atmung so wichtig ist und ich immer wieder feststellen muß, daß kaum jemand mehr richtig atmet, möchte ich hier ein paar ganz einfache Tips für gründliches Ausatmen einfügen. Beispielsweise immer wieder, vor allem *während* Anstrengungen, ganz langsam und bestimmt „Huuug!“ aussprechen oder „ffffttttttt!“. Dadurch erhebt sich das Zwerchfell, sämtliche verbrauchte Luft wird ausgeatmet. Die anschließend automatisch einströmende frische, sauerstoffreiche Luft kann sich mühelos im ganzen Organismus frei verbreiten.

Bereits durch richtiges Atmen wird der Mensch entspannter und ruhiger. Zusätzlich möchte ich jedem Leser dringend empfehlen, eine individuell passende kurze Entspannungsübung zu finden. Vermutlich wird es leider wenigen von Ihnen zeitlich möglich sein, täglich eine Tiefenentspannung, bestenfalls eine farbige Tiefenentspannung, auszuführen. Es gibt aber auch einige sehr empfehlenswerte Kurzentspannungsübungen. Beispielsweise kann es von großem Nutzen sein, sich während extrem hektischen oder emotional aufreibenden Zeiten kurz an einen ruhigen Ort zurückzuziehen, um bewußt einen Moment innezuhalten. Man befiehlt sich kurz und bestimmt: „Stop, Ruhe, Pause!!!" Danach führt man sich die momentane Situation wie in einem Film vor Augen, um sie dann loszulassen, sie bildlich wegzuschicken in Form von gefüllten Ballonkörben oder in Pakete abgepackt, die wir in der Vorstellung der Post übergeben. Dabei tief ein- und ausatmen, seine Mitte zu fühlen versuchen. Örtlich befindet sich dieser Fokus circa zwei Fingerbreit unterhalb des Bauchnabels.

Daß unser Zwerchfell, unser Sonnengeflecht und das gesamte vegetative Nervensystem dringend auf Entspannung angewiesen sind, dürfte ausreichend klar geworden sein. **Goldgelb nährt und stärkt den Solarplexus und das gesamte vegetative Nervensystem.** Ich habe das vegetative Nervensystem und die vielfältigen damit verbundenen Zusammenhänge mehrfach erwähnt. Die eigentliche Funktion dieses Systems möchte ich nun so kurz und einfach wie möglich zu erklären versuchen.

Das vegetative Nervensystem entspricht dem unwillkürlichen Nervensystem unseres Wesens. Das heißt, es bezieht sich auf die Nervenfunktionen, die ohne unser bewußtes Zutun, ohne unseren Willenseinfluß arbeiten. Zum einen hat es die Aufgabe, alle sinnlichen Wahrnehmungen und alle aus dem Gleichgewicht geratenen Geschehnisse unseres Körpers unmittelbar mit unwahrscheinlicher Geschwindigkeit, ohne Zuschaltung des Verstandes an das Gehirn weiterzuleiten. Augenblicklich erfolgt vom Gehirn aus, mittels Reizleitungen der Nervenbahnen, eine instinktive Körperreaktion, an der weder Verstand noch Wille beteiligt sind. Das vegetative Nervensystem schützt uns somit instinktiv vor Gefahren aller Art, bei Schreck und Überraschung, auch wenn unsere Gefühle und Gedanken ganz anders gestimmt sind. Beispielsweise ziehen wir beim Berühren einer heißen Kochplatte die Hand schneller zurück, als wir denken können, oder wir fangen ein fallendes Glas auf, oder wir reagieren instinktiv richtig bei einem drohenden Verkehrsunfall. Schon oft hat das unwillkürliche Nervensystem sogar Menschen mit Selbstmordabsicht am Leben erhalten.

Im Verlauf von Jahrmillionen hat unser Instinkt das präzise, aufeinander abgestimmte Funktionieren unserer Körperphysiologie entwickelt, der jeweiligen Situation angepaßt und als Zellinformation abgespeichert – unser Selbsterhaltungs- und Überlebenstrieb. Sämtliche, aus dem Unter- beziehungsweise Tiefenbewußtsein entschiedene Verhaltensweisen werden mittels des vegetativen Nervensystems durch den ganzen Körper bis in die äußerste Zelle geleitet.

Diese Funktionsweise erklärt auch, weshalb es für uns so schwierig ist, ein eingefleischtes Verhaltensmuster oder eine substanzgebundene Sucht aufzulösen. Die gegebene Verhaltensweise ist im Verlaufe der Zeit ins Unterbewußtsein abgesunken, ist zu einer Zellinformation, zur körpereigenen Wahrheit geworden. Je länger das Verhaltensmuster besteht, um so schwieriger ist es aufzulösen. Aber ebenso beweist uns diese Funktionsweise, daß es auch ganz praktisch möglich ist, *alles*, dessen wir uns bewußt werden, tatsächlich verändern zu können.

Zum andern unterliegen auch die Atmung und der gesamte Stoffwechsel dem vegetativen Nervensystem. Seit wir leben, im Wach- wie im Schlafzustand, hält es ohne unser Zutun die Atmung aufrecht. Natürlich können wir unseren Atem auch willkürlich beeinflussen. Aber das ist eine andere Geschichte.

Der gesamte Wasserhaushalt des Körpers unterliegt dem vegetativen Nervensystem. Die Stoffwechselsekretion mit endokrinen und exokrinen Drüsen wird ebenfalls vom unwillkürlichen Nervensystem gesteuert. Wäre dem anders, müßten wir beispielsweise die Leber täglich auffordern, mindestens einen Liter Gallenflüssigkeit zu produzieren und davon 50 ml als Konzentrat in der Gallenblase einzudicken. Die Gallenblase wiederum müßten wir bei fettigen, schwerverdaulichen Mahlzeiten auffordern, diesen Vorrat zwecks optimaler Verdauung wieder zu verdünnen und herauszurücken. Den exokrinen Teil der Bauchspeicheldrüse müßten wir davon überzeugen, innerhalb von 24 Stunden ungefähr einen Liter Flüssigkeit, angereichert mit verschiedensten Verdauungsenzymen, herzustellen, den er zur richtigen Zeit in der richtigen Menge direkt in den Zwölffingerdarm abzugeben hat. Dem endokrinen Teil des Pankreas müßten wir befehlen, die Hormone zur Insulin- und Glucagonbildung in der richtigen Dosierung zu produzieren usw.

Ich habe bereits eingangs erwähnt, daß unser Körper, ohne unser Zutun, ohne Bestellwesen, einfach so, weil es uns gibt, täglich weit über 220 Hormone produziert, welche die richtigen Informationen über das Blut an die einzelnen Zielorgane abgeben. Nur so ist es möglich, daß unsere Chemiefabrik Körper, unser gesamter Organismus einwandfrei funktioniert.

Bedenken wir, wie unendlich viele Störungen in direktem Zusammenhang mit dem unwillkürlichen Nervensystem stehen, angefangen bei Nervosität, Depressionen, Verdauungsstörungen über Allergien bis hin zur Magersucht, wird sich jeder Mensch der Wichtigkeit richtiger Atmung, täglicher Entspannungsübungen, der Reduzierung von Sinnesreizen und der grundsätzlichen Stärkung des vegetativen Nervensystems über Goldgelb bewußt.

Die Energie, die Gelb aussendet, zwingt uns tatsächlich zu entscheiden, ob wir weiterhin gewohnheitsmäßig funktionieren möchten, oder ob wir uns die Mühe machen, unseren bisherigen Weg zu analysieren, um die eine oder andere Gewohnheit zugunsten eines selbstbestimmteren, gesünderen, erfüllteren Lebens aufzugeben. Wohlverstanden, einschließlich der damit verbundenen Konsequenzen. Ich denke, genau hier liegt der Punkt, weshalb viele Menschen zu bequem sind, ihr Leben selbst in die Hand zu nehmen. Auch wenn der bisherige Lebensweg völlig unerfreulich und unbefriedigend verlaufen ist, wursteln sie lieber wie bisher weiter. Wieso ein Risiko eingehen? Wieso sich für etwas entscheiden, dessen Ergebnis völlig ungewiß ist? Die Intensität der bisherigen Lebensschmerzen kennt man ja nun. Und der Mensch gewöhnt sich bekanntlich an alles . . . Goldgelb schenkt uns die Kraft zu handeln, um unsere Visionen umsetzen zu können.

In der **Kleidung** können wir Gelb eigentlich überall einsetzen, vor allem aber im Bereich des Solarplexus. Wie bereits erwähnt, läßt sich mit einem hellen, knalligen Gelb das Bindegewebe entschlacken und straffen.

Von gelber Bettwäsche ist Menschen, die das Denken kaum abschalten können, eher abzuraten. Ich selbst habe sehr geistreiche, ideenvolle Träume auf gelben Leintüchern. Während Lernprozessen und Prüfungsvorbereitungen schlief ich ausnahmslos in gelber Bettwäsche. Diese persönliche Erfahrung möchte ich aber nicht als allgemeingültiges Rezept weitergeben, denn die geistig anregende Wirkung von Gelb wird sehr individuell erfahren. Nach einer Grippe hingegen ist das Schlafen auf gelben Leintüchern grundsätzlich sehr empfehlenswert. Der Rest der Schlackstoffe wird dadurch schneller aus dem Körper ausgeschieden.

Räumlich verwenden läßt sich Gelb in allen Zimmern, in denen geistig gearbeitet wird. Auf Schreibtischen sollte Gelb aufgrund seiner konzentrationssteigernden Wirkung immer visuell zugänglich sein. Die optimalste Kombination zur Steigerung der Konzentrationskraft ist Gelb in Verbindung mit Violett.

Überall, wo geistreiche Kommunikation stattfinden soll, empfiehlt es sich, reichlich gelbe Aspekte einzusetzen, beispielsweise in Besprechungs- und Konferenzzimmern, Schulungsräumen und in Eß- und Wohnzimmern. Ein helles, knalliges Gelb auf Toiletten regt die Därme an und fördert die Entschlackung.

Menschen, die Gelb konsequent ablehnen, leiden vermutlich bereits an einer Depression, oder aber sie haben extrem Angst davor, einmal gründlich in sich hineinzuhorchen. Es sind meist Menschen, welche die eigene Innerlichkeit, die bewußte Wahrnehmung des Vorhandenen ablehnen. Sie fürchten sich davor, die eigenen Antriebskräfte, den tieferen Sinn des Lebens zu erforschen. Eine krasse Aversion gegen Gelb kann auch aufzeigen, wie sehr sich der Mensch im eigenen egozentrischen Kreis dreht. Er ist von seinen Ideen, Erfahrungen und Überzeugungen derart eingenommen und gefangen, daß er weder eine fremde Meinung noch eine andere Wesenheit duldet. Auch diesen Menschen muß der visuelle Impuls von Gelb zugeführt werden. Ansonsten werden sie weder Tür noch Türklinke finden, um aus ihrem selbstgebauten Gefängnis herauszufinden.

Gelbliebhaber erfreuen sich an der intellektuellen Seite des Menschseins. Meist sind sie sehr kontakt- und austauschfreudig. Sie lieben die Abwechslung und ihre innere Freiheit. Analytische Gedankenspaziergänge gehören zu ihren Hobbys. Menschen mit einem angeborenen vorrangigen Gelb-Energieanteil sind ein Leben lang geistig wach und aktiv. Alles, was in irgendeiner Form mit Denken zu tun hat, erfreut sie. Der Vorwurf: „Denk doch nicht so viel!“ ist für sie eine schlimme Beleidigung. Sie haben gerne viele Menschen um sich und widmen ihren Kollegen und Freunden viel Zeit. Umgekehrt sind sie auch selbst darauf angewiesen, daß man sich für sie viel Zeit nimmt.

Eine gewisse missionarische Ader ist gelbbetonten Menschen eigen. Sie haben die Fähigkeit, die geistigen Stärken in ihren Mitmenschen wachzurufen. Es liegt ihnen viel daran, ihre Mitmenschen davon zu überzeugen, daß das Leben viel angenehmer und lustvoller sein kann, als viele von uns zu glauben gelernt haben. Es sind geistige Abenteurer, Ideen-Artisten, intellektuelle Erfinder und Philosophen. Je nachdem, wie ausgeprägt ihre Erdung ist (Rot und Orange), muß man sie ab und zu von ihren geistigen Höhenflügen auf die Erde, auf den Boden zurückholen.

Diese Menschen sind ein Leben lang auf der Suche nach Neuem. Sie lassen sich nirgends anbinden, brauchen geistige Unabhängigkeit, Gedankenfreiheit und viel Abwechslung. Oftmals wechseln sie auch mehrmals im Leben den Beruf. Meistens wohnen sie selten lange am selben Ort. Sie sind ausgesprochen reiselustig und unternehmen vorwiegend Reisen intellektueller Art. Viele von ihnen wandern sogar aus. Sie versuchen sich beispielsweise in Entwicklungshilfe oder starten irgendein spannendes Projekt. Ich habe festgestellt, daß auch unter Emigranten viele gelbbetonte Menschen zu finden sind.

Ist ein gelbbetonter Mensch durch eine spezielle Lebenssituation örtlich sehr angebunden oder übt eine langweilige, eintönige Arbeit aus, sollte er sich die für ihn dringend notwendige Abwechslung durch vielfältige private Aktivitäten oder beispielsweise in verschiedensten Vereinen holen. Fehlt die Abwechslung, kommen die negativen Aspekte von Gelb relativ schnell zum Ausdruck: Unzufriedenheit, Neid, Bluff, „neunmalklug", penibel – und auf körperlicher Ebene stellen sich wiederum alle möglichen Beschwerden des vegetativen Nervensystems bis hin zur tiefen Depression ein.

Der zu Gelb gehörende Wochentag ist der **Mittwoch**, der Tag des Austausches, der Händler. Früher, teilweise heute noch, fanden die Markttage ausschließlich an einem Mittwoch statt. Ob das „Postgelb" bewußt mit der Symbolik des Austausches der Kommunikationsfreude zu tun hat, entzieht sich meiner Kenntnis. Der Planet **Merkur** unterstützt uns mit Gelb-Energie.

In der **Klangtherapie** gehört der Ton E zur Farbe Gelb, **numerologisch** die Zahl 3.

Zum Schluß noch die zu Gelb gehörenden **Halbedelsteine**: Citrin, Jaspis, Edeltopas, Bernstein und als energiereichster Stein die 25–30 Millionen Jahre alte Pyritsonne. Die Pyritsonne können wir zu unserer Energetisierung auf das Sonnengeflecht legen – aber niemals zum Schlafengehen. Übrigens lassen sich, örtlich fixiert, mit der Pyritsonne Rückenblockaden lösen.

Die Farbe Grün

Erhält das Sehzentrum einen energetischen Schwingungsreiz zwischen 540 und 640 Hertz, kann es die Farbe Grün ausmachen. Innerhalb einer Spannbreite von 100 Hertz sind verschiedenste Grüntöne wahrnehmbar – angefangen von einem ganz hellen Gelbgrün bis zum sattesten Tannengrün. Im Frühjahr kann man an einem einzigen Baum bis zu 40 verschiedene Grüntöne erkennen. Sprechen wir in der Farbtherapie von Grün, gehen wir von einem satten Maigrün aus.

Mit Grün, der vierten Farbe, sind wir in der Mitte des Spektrums und auch in der Mitte des Farbkreises (siehe Abbildung Seite 28) angekommen. Grün entspricht der Energieschwingung unseres Planeten. Grüne Pflanzen und Bäume bilden mit Hilfe des in den Blättern und anderen Pflanzenteilen enthaltenen grünen Farbstoffs, des Chlorophylls, und der Sonnenenergie durch Photosynthese aus Kohlenstoffdioxid Sauerstoff. Durch die Assoziation mit Chlorophyll ist grün die dominante Farbe der Natur und des Lebens überhaupt.

Grün ist die einzige Mischfarbe, die keine Zwiespältigkeit aufweist. Denn es verkörpert ausschließlich die positiven Aspekte seiner beiden Nachbarn im Farbspektrum. Einerseits trägt es die freudige Heiterkeit, die Strahlkraft von Gelb in sich, das unser Gemüt und unseren Intellekt zum Strahlen bringt – Gelb, das unser Denken entschlackt, uns dadurch Einsicht, geistige Klarheit und innere Freiheit vermittelt. Andererseits können wir von der inneren Sicherheit, der tiefen, unerschütterlichen inneren Ruhe, der Angstfreiheit, der Seelentiefe und der unendlichen Weite, die Blau abgibt, profitieren. Durch diese ideale Vereinigung entsteht die ausschließlich harmonische Energieschwingung von Grün auf unser gesamtes Menschsein.

Grün hat auch im Spektrum eine Sonderstellung. Es ist weder anregend und wärmend, noch energievermindernd und kühlend, sondern neutral. Es ruht in sich selbst, zieht uns auf keine Seite. Es wirkt immer ausgleichend und sedierend. Weil Grün die Mitte, die Harmonie, den Frieden in sich selbst trägt, läßt es auch den Menschen seine Mitte und seinen inneren Frieden erfahren. Ohne Grün-Energie gäbe es weder Seelen- noch Weltfrieden.

Wie wichtig es ist, unsere Mitte immer wieder zu spüren, uns zu zentrieren, haben wir bereits bei Gelb gelesen. Fühlen wir dieses Zentrum, diese Mitte, diesen Kern über längere Zeit nicht, reagiert der Körper gemäß seiner eigenen Logik mit vegetativen oder sogar organischen Symptomen. Der Körper fordert auf seine Weise, in seiner ihm eigenen Sprache Hilfe an.*

Weil bei jeder Störung, sei sie nun körperlicher, seelischer oder geistiger Art, letztlich immer irgend etwas aus der Mitte geraten ist, dürfen wir grundsätzlich bei jeder Beschwerdeform Grün anwenden. Diese Aussage dürfte vor allem zu Beginn des Arbeitens mit Farben von Nutzen sein. Falls uns beispielsweise noch nicht ganz klar ist, welche Farbenergie bei welcher Störung am effizientesten wirkt, dürfen wir vorab Grün anwenden.

Spezifische Beschwerden und Krankheiten, die mit Grün behandelt werden: Des starken Ausgleichs wegen ist Grün die beste Farbenergie nach Schockeinwirkungen. Der Patient lehnt die Farbe zunächst vehement ab. Je mehr sich der Schockzustand aufzulösen beginnt, um so mehr Gefallen findet der betroffene Mensch an der grünen Farbe (er nähert sich wieder seiner Mitte). Mit Grün nehmen wir erstmals einen harmonisierenden Ein-

* Für an der Entschlüsselung von Körpersymptomen Interessierte verweise ich auf das Buch von Louise Hay, „Heile deinen Körper“. Auch Tepperwein und Rüdiger Dahlke haben sich zu dieser Thematik geäußert (siehe dazu das Literaturverzeichnis).

fluß auf alle hormonellen und vegetativen Unausgewogenheiten. Ebenso ausgleichen lassen sich Blutdruckwerte. Mit Tannengrün ist es sogar möglich, einen zu tiefen Blutdruck sanft anzuheben. Dies dürfte für jene Menschen von Interesse sein, die dazu vorläufig weder die Energie von Rot noch von Orange nutzen können. Alle chronischen Beschwerden, die kein Rot vertragen, reagieren hervorragend auf Grün.

Mit Grün lindern wir Augenkrankheiten aller Art. Der Blick ins Grüne ist tatsächlich Balsam für die Augen. Arbeiten wir viel am Computer, ist es sinnvoll, ihn so zu plazieren, daß wir zwischendurch immer wieder einen Blick ins Grüne werfen können. Falls dies nicht möglich ist, behelfen wir uns mit Topfpflanzen. Besonders feine Arbeiten, beispielsweise eine Kunststrick- oder Stickarbeit, lassen sich unter Grünlicht viel leichter ausführen. Dasselbe gilt für Operationen, ebenso für Fabrikhallen, wo Kleinstteile ausgezählt werden müssen, oder für einen Uhrmacher.

Bei seelischer Unausgewogenheit oder bei bereits bestehenden emotionalen Störungen (Schwermut, Jähzorn, Epilepsie usw.) ist es empfehlenswert, sich so oft wie möglich im Freien, im Grünen, im Wald aufzuhalten.

Nervöse Schlafstörungen können mit Grün gelindert werden. Bei ängstlichen Schlafstörungen ist die Farbe Blau hilfreicher. Grün verwenden wir bei jeder Art von Kopfschmerzen; oftmals reicht Grün aus, um eine bestehende Migräne aufzulösen – bei heftiger Migräne empfehle ich, der gefäßzusammenziehenden Wirkung wegen, Blau.

Grün hilft auch bei Bronchialkatarrh, bei Keuch- und Reizhusten. Den zähen Schleim verflüssigen wir anschließend mit Orange. Viel Grün wirkt gut bei Diabetes. Die Bauchspeicheldrüse selbst stärken wir mit Orange. Außerdem eignet sich die Grün-Energie hervorragend zum Abheilen von Warzen, Geschwülsten, Geschwüren und Zysten (zusätzlich zur ärztlichen Kontrolle).

Persönlich entziehe ich störendem Zellmaterial mental jegliche Nahrung, lasse es in der Vorstellung vertrocknen, ausdorren und entschieden über den Stoffwechsel ausscheiden. Ich nähre ausschließlich von der Schöpfungsordnung vorgesehenes, liebevolles Zellmaterial mit Farbenergien. Auch betrachte ich es als völlig kontraproduktiven Vorgang, während einer Chemotherapie den Zellen mental oder durch andere energetisierende Therapien (Fußreflexzonenmassage u. ä.) Energie zuzuführen. Denn über die Bestrahlungen und die Chemotherapie wird versucht, das wuchernde Zellmaterial abzutöten in der Absicht, daß sich die gesunden Zellen erholen. Nach abgeschlossener Chemotherapie mit Endkontrolle darf meines Erachtens in jeder möglichen Form wieder Energie zugeführt werden.

Die Farbe Grün ist, mit Rosa zusammen, die Farbe des Herzchakras. Alle Herzkrankheiten lassen sich, neben der schulmedizinischen Begleitung, mit Grün lindern. Vor allem Herzbeschwerden nervöser Art reagieren außergewöhnlich gut. Körperlich zeigt sich ein blockierter Grünanteil auch in Form von Herzbeschwerden. Aber auch Magenprobleme, vor allem die Magenübersäuerung und allgemeine Verdauungsprobleme weisen auf ein Mißverhältnis zur Grün-Energie hin. Gelenkbeschwerden und der, auf chronischer Übersäuerung basierende weitverbreitete Weichteilrheumatismus sind ein ebenso direkter Hinweis auf mangelnde oder blockierte Grün-Energie. Es ist erstaunlich, wie viele Menschen, vor allem auch Kinder und Jugendliche, durch moderne, schnelle und bequeme Ernährung total übersäuert sind.*

Die Stoffwechselorgane haben die zwingende Aufgabe, überschüssige Harnsäure so schnell wie möglich aus dem Blut herauszufiltern. Der Blutsäurewert erträgt nur ganz geringe Schwan-

* Mittels Energetischer-Terminalpunkt-Diagnose kann auch die Übersäuerung des Organismus sichtbar gemacht werden.

kungen. Ansonsten hätte dies tödliche Folgen. So gut dies möglich ist, scheiden die Nieren die überschüssige Säure aus. Ist nun der Körper, durch falsche Ernährung, Streß und Angst, dauernd übersäuert, sind die Stoffwechselorgane ständig überlastet. Wenn die Nieren und die Haut mit der Ausscheidung der Säure nicht mehr klarkommen, werden verschiedene Säuredepots, sprich Müllhalden, im Körper selbst eröffnet. Zunächst werden im Bindegewebe Schlackstoffe abgelagert. Falls das nicht ausreicht, darf überschüssige Säure in den Muskeln, notfalls sogar im Herzmuskel, und in den Gelenken deponiert werden. Das Schleimhautmilieu des gesamten Organismus verändert sich. Störende Pilze und Bakterien finden einen Nährboden, um sich anzusiedeln. Durch die andauernde Übersäuerung, enthält auch die Lymphflüssigkeit zu viele Giftstoffe, was wiederum die Infektanfälligkeit erhöht. Daß Säure ein aggressives Produkt ist, dürfte bekannt sein.

Die Winternahrung der früheren Generation war auch sehr säurereich. Sie bestand aus wenig Frischgemüse, viel Fleisch, Fett und Backwaren. Zucker ist für den Körper die aggressivste aller Säuren! Es entspricht einer Tatsache, daß viele Menschen jener Generation bereits im frühen Alter Gelenk- und Knochenprobleme hatten, obwohl sie viel weniger unter Streß litten und viel mehr Bewegung hatten als wir heute.

Auch Entspannung, Bewegung, aktives und passives Schwitzen helfen dem Körper, sich zu entsäuern. Die Regenerationskraft des Organismus nimmt nach dem 40. Lebensjahr ziemlich rapide ab, falls man nichts dagegen unternimmt.

Grün ist die Farbe der Entsäuerung. So gründlich wie die Farbe Gelb entschlackt, so gründlich entsäuert Grün. Nahrungsmäßig unterstützen wir unseren Grün-Energieanteil und die Entsäuerung mittels aller grünfarbenen, möglichst naturbelassenen Gemüsesorten und Kräuter: grüne Salate, frische Kräuter, Gurken,

Brokkoli, Wirsing, Kohl, Kohlrabi, grüne Bohnen, Erbsen, und die entsäuerndste Grün-Energie beziehen wir aus der Kartoffel. Auch wenn sie gelb aussieht, ist ihr Hauptenergieanteil Grün. Die Kartoffel übertrifft in ihrer stark entsäuernden Wirkungsweise alle teuren basenbildenden Präparate. Will man die Kartoffel zur Entsäuerung des Körpers einsetzen, ist es ratsam, ausschließlich grüne Kräuter, Rahm oder Butter dazu zu essen. Sie sollte zum Entsäuerungszweck nicht mit konzentrierten Eiweißprodukten in Form von Quark oder Käse kombiniert werden. Einerseits versteht der Körper eindeutige Signale besser, andererseits können sich die Stoffwechselorgane ausschließlich der Entsäuerung widmen, Säure aus den angelegten Depots holen, ohne Eiweiß verstoffwechseln zu müssen. Auch zerdrückte Bananen, angereichert mit ungezuckertem Rahm, helfen hervorragend bei der Entsäuerung.

Nachdem wir ausgiebig auf die körperliche Wirkungsweise von Grün eingegangen sind, soll nun auch die **geistig-seelische Wirkung** dieser neutralen Farbe beschrieben werden. Grün vermittelt außer innerem Frieden auch Selbstachtung, Selbstakzeptanz, Verständnis für sich selbst und die Mitwelt. Zudem korrespondiert Grün direkt mit unserem Verstand.

Auf die Funktionsweise des Verstandes möchte ich näher eingehen. Bei der Geburt ist unsere „Verstandesschublade“ noch leer, im Gegensatz zur bereits vorhandenen Intelligenz. Die Verstandesschublade beginnt sich mit Erfahrungen und Informationen zu füllen, die wir als Kleinkinder, mehr oder weniger fremdbestimmt, über die Sinnesorgane durch unsere Umgebung erfahren. Gehen können, genießen, spielen, Grenzen erfahren, frieren, sich erkälten, stürzen, sich verbrennen oder Angst haben, um einige Beispiele zu nennen. Auch mentale Mißbräuche von Erwachsenen in Form von Konditionierungen wie „böses Kind“, „ungeschicktes Kind“, „dummes Kind“ usw. fallen darunter!

Das heißt, der Verstand verarbeitet die Erfahrungen aus dem sinnlichen Bereich nach jeweiliger Konditionierung, nach Erziehung und entsprechender Kultur. Er speichert diese Erfahrungen und Werte als eigene Wahrheiten ab. Was wir letztlich als Erwachsene für die eigene Wahrheit, die Lebenswahrheit halten, sind mehr oder weniger eingeschränkte Informationen unserer Umgebung, die wir zwangsläufig übernommen beziehungsweise womit wir unsere Verstandesschublade im Laufe der Jugend angefüllt haben. Es ist wieder einmal uns selbst überlassen, ob wir die antrainierten verstandesmäßigen Überzeugungen ein Leben lang beibehalten, oder ob wir einige veraltete Ansichten neu überdenken wollen.

Persönlich hatte und habe ich für die Verstandesschublade das Bild einer Musikkassette vor mir. Ich kann die veraltete, eventuell angsterfüllte, mißtrauische, Mangel ausdrückende, zweifelnde, schmerzhafte und unerfreuliche Musik weiterhin, sogar ein Leben lang, anhören. Oder aber ich bespiele Stück für Stück neu, bis ich meine eigene Lebensmusik, meine Lebenswahrheit, unter Einbeziehung der immer gültigen, erfüllenden, geistigen Gesetze, komponiert habe.

Einsicht, Erkenntnis, analytisches Denken (Gelbqualitäten) kann der Verstand nicht erkennen. Diese Denkweisen übersteigen seine Möglichkeiten. Beispielsweise überfordern wir den Verstand mit der abstrakten Aussage, daß die Erde rund, also ohne Anfang und ohne Ende ist. Ebenso überfordern wir die Möglichkeiten des Verstandes, wenn wir ihm beibringen wollen, daß die Begriffe oben und unten ausschließlich seiner Orientierung dienen und keineswegs im Bezug zur Schöpfungsordnung stehen, da die Erde und alle anderen Planeten seit jeher schweben.

Damit wir Gedankengänge dieser Art nachvollziehen können, sind wir auf das analytische, abstrakte Denken unseres Intellekts angewiesen. Natürlich lassen sich im Gehirn die verschiedenen

Denkarten nicht schubladenweise voneinander trennen. Indem wir uns der verschiedenen Denkweisen bewußt werden, sie mit einbeziehen und fördern, erweitert sich unser Bewußtsein. Es wird möglich zu erkennen, daß es nicht das Polaritätsgesetz der Erde selbst ist, welches uns das Leben und das Menschsein oftmals schwer macht, sondern daß die Schwierigkeit darin besteht, daß unser Denken polar, zweigepolt ausgerichtet ist. Durch diese Einsicht verliert die Dualität, die Polarität unseres Wesens ihren Schrecken (Rot-Thematik).

Mittels Einbeziehung der verschiedenen Denkweisen wird es möglich, eine Mitte der Pole, wie bereits erwähnt, ähnlich einer Trafostation in uns selbst zu erzeugen. Wir können erkennen, daß alles Sein einem regelmäßigen Hin- und Herpendeln zwischen beiden Polen entspricht. In unserem zweigepolten Gut/Böse-Alltag vermittelt diese Erkenntnis sehr viel Toleranz mit uns selbst und gegenüber unseren Mitmenschen. Verständnis, Selbstachtung und Selbstakzeptanz, die eigentlichen Grünqualitäten, können zu wachsen beginnen. Zudem kann das auf Erden gültige Gesetz des Rhythmus zum Tragen kommen.

Jede Farbe hat eine subjektive und eine objektive Wirkungsweise. Die subjektive bezieht sich auf die innere, die geistige, die psychische, die unsichtbare Ebene. Die objektive Wirkungsweise zeigt sich auf der äußeren, sichtbaren Ebene.

Die subjektive Wirkung von Grün haben wir bereits besprochen. Objektiv bewirkt Grün Wachstum, Fortschritt und Reformfreude. Es lassen sich beispielsweise hochfliegende Träume, wie sie Gelb hervorzubringen vermochte, mit Grün sedieren – zur Erde bringen. Sie werden zur Materie, nehmen Form und Gestalt an. Das Ergebnis so entstandener Werke, sei dies nun eine Erfindung, ein Gebäude, eine Maschine oder ein neu gestalteter Lebensweg, steht in vollkommen harmonischer Beziehung zueinander. Es herrscht weder der Anteil des Verstandes noch der des Intellektes vor. Beide Anteile sind harmonisch verbunden.

Ein Mensch mit ausreichend und freifließender Grün-Energie strahlt Sympathie, Ruhe und Ausgeglichenheit aus. Er ist einfühlsam, verständnisvoll, standfest, großzügig und offen für Neues. Ausgestattet mit guter Entscheidungs- und Urteilskraft, setzt er sich mit Disziplin und Ausdauer für sich selbst, für seine Mitmenschen, für seine Arbeit und für Weiterentwicklungen ein, die der Menschheit dienen.

Fehlt einem Menschen Grün-Energie, neigt er zu einer generell negativen Lebenseinstellung. Es ist der Typus, der immer und überall zuerst oder ausschließlich das Schlechte sehen und keinen inneren Frieden finden kann.

Ist die Grün-Energie zwar vorhanden, kann aber aufgrund von Energieblockaden körperlicher, geistiger oder emotionaler Art nicht frei fließen, wird man unausgeglichen, unzufrieden, unruhig und nervös. Eine andere Möglichkeit der blockierten Grün-Energie ist ein passiver und lethargischer Mensch. Es fehlt ihm der Antrieb, sich für etwas zu entscheiden. Dieses Fehlen des inneren Antriebes hat mit dem neutralen Charakter der Farbe selbst zu tun. Grün ruht in sich, hat keinen eigenen Antrieb. Blockiertes Grün geht entweder verschwenderisch mit Gefühlen, Geld und Besitz um, oder es wird von Geiz, Habsucht und Eifersucht geplagt und vertritt die tiefe Überzeugung, immer zu kurz zu kommen.

Das geistige Gesetz des ewigen Austausches gehört zu Grün. Geben und Nehmen muß im Verlaufe des Lebens in Gleichfluß kommen. Ein Kind beispielsweise erhält vom Leben – von den Eltern – einen bedingungslosen Liebesvorschuß, damit es genau diese Liebe später weitergeben, ins Leben zurückfließen lassen kann. Wenn wir freien Herzens geben, können wir alles bekommen. Die Fülle, sei dies in Form von Liebe, in Form von seelischem und

Ideenreichtum, oder auch die materielle Fülle, die uns vom Schöpfungsplan her zur Verfügung stünde, übertrifft die kühnsten Vorstellungen des Verstandes bei weitem. Ihm fällt es leichter, an Mangel und Widrigkeiten zu glauben.

Unserer Aufgabe entspräche es, uns selbst, unser Herz dem Leben, den Mitmenschen gegenüber immer wieder zu öffnen – egal, weshalb wir uns verschlossen haben. Mit verschlossenem Herzen können wir den Reichtum, den uns das Leben schenken will, nicht empfangen. Ebenso wichtig ist es, jedes unserer Talente, jede unserer Fähigkeiten ins Leben einfließen zu lassen, sie der Erde großzügig zur Verfügung zu stellen. Ab und zu fühle ich mich durch die Anforderungen des Lebens, der Alltagspflichten und die Erwartungen der Mitmenschen überfordert. Dann pflege ich mir zu sagen: „Ich gebe mein Bestes, den Rest laß ich mir schenken!“

Grün gibt uns auf dem direktesten Weg zurück, was wir ausgesandt haben. Wir können ausschließlich die Früchte der Samen ernten, die wir gesät, gehegt und gepflegt haben. Säen wir Geiz, Neid, Eifersucht, Mißtrauen, Verschlossenheit und andere destruktive Gefühle, gibt uns keine andere Farbenergie das Ergebnis, die Früchte unseres Denkens und Handelns so unmittelbar und direkt zurück wie Grün. Dies entspricht dem Prinzip: „Sei vorsichtig, was du dir wünscht, denn es könnte sich erfüllen!“ Diese unmittelbare Wirkung wird mit Smaragdgrün noch intensiviert. Smaragdgrün sollten wir nur bei positiver Grundstimmung tragen. Vielleicht ist im Gesetz des ewigen Austausches die Erklärung zu finden, weshalb ausgerechnet die harmonische, neutrale Farbe Grün immer wieder mit Unglück in Verbindung gebracht wird.

Menschen mit von Geburt an vorrangigem Grünanteil sind mit viel praktischem Sinn ausgestattet. Leben sie mit ihrer Grün-Energie in Einklang, sind sie äußerst gutmütig, verständnisvoll, vertrauenswürdig, zuverlässig und standfest. Ihre Naturverbundenheit ist auffällig. Alles, was lebt, wächst und grünt, Menschen, Tiere, Pflanzen, die gesamte Schöpfung, liegt ihnen am Herzen. Das Symbol des grünen Daumens findet hier seinen Platz. Viele von ihnen haben tatsächlich einen eigenen Garten, den sie mit viel Liebe pflegen. Durch ihr ausgeprägtes Einfühlungsvermögen und ihre Achtung vor jedem Wesen können sie sehr gut mit Kindern umgehen. Sie eignen sich unter anderem hervorragend als Lehrer, vor allem im naturwissenschaftlichen, mathematischen Bereich. Sie eignen sich ebenso als gute Berater, beispielsweise auf psychologischem Gebiet. Mit ihrem ausgeprägten Realitätssinn verlieren sie nicht gleich den Boden unter den Füßen. Es ist verblüffend, wie sie anscheinend mühelos erstaunliche Lasten auf ihrem Rücken zu tragen vermögen.

Ich habe festgestellt, daß auch unter Chirurgen viele grünbetonte Menschen zu finden sind. **Grünbetonte Menschen haben einen ausgeprägten Gerechtigkeitssinn.** Sie eignen sich deswegen auch hervorragend für den Beruf eines Juristen oder eines Richters. Sie sind loyal und äußerst korrekt. Es sind Menschen, die von Natur aus in Schwierigkeiten versteckte Möglichkeiten für ihre Weiterentwicklung sehen. Damit sie in Bewegung kommen, brauchen sie immer einen Antrieb, eine Anfrage von außen. Wie bereits erwähnt, trägt Grün keinen eigenen Impuls, keinen Tatendrang in sich. Für uns heißt dies auch, daß Grün im farbtherapeutisch-psychologischen Sinn keine Komplementärfarbe hat; es macht die Mitte aller Farben aus. Müssen wir den Antrieb eines grünbetonten Menschen mittels Farbe ankurbeln, bedienen wir uns dem aus der Flächenfarbe bekannten Komplement, nämlich Rot.

Grünbetonte Menschen können gleichzeitig großzügig und knauserig sein. Dieses scheinbare Paradox erklärt sich aus der Verbindung des subjektiven und objektiven Aspektes dieser Farbe.

Das Gleichgewicht beider Welten, das praktische Denken, die Standfestigkeit, Urteilskraft und Disziplin verbindet sich mit dem gleichzeitigen Bedürfnis nach Weiterentwicklung und Expansion. Findet dieser Mensch beispielsweise den Sinn eines Projektes gut, reut ihn weder Zeit noch Geld, und er setzt sich gemäß seinem Naturell mit Entschiedenheit, Disziplin und Ausdauer für die Sache ein, bis das Ergebnis sichtbar wird beziehungsweise das Ziel erreicht ist. Erkennt er weder Sinn noch Nützlichkeit einer Aufgabe, wird er sich mit erstaunlicher Konsequenz weigern, auch nur einen einzigen Finger zu bewegen, geschweige denn auch nur einen Pfennig in dieses Projekt zu investieren. Er mag mit unendlicher Geduld warten, bis eine bessere Aufgabe an ihn herangetragen wird.

Zur räumlichen Verwendung von Grün: Grundsätzlich eignet sich Grün eher schlecht zur Raumbemalung. Zu viel Grün ohne anregenden Gegenpol macht antriebslos und lethargisch, wobei ein hoher Lärmpegel in einem grünen Raum (z. B. einer Fabrikhalle) besser ertragen wird. Zu überlegen wäre, ob die Verwendung von reichlich Grün in Gerichtssälen das Verständnis, die Urteilskraft, die Standfestigkeit der Richter fördern und eine etwas friedlichere Atmosphäre zwischen den Parteien bringen würde.

Kleidungsmäßig läßt sich der Verwendung von Grün keine Grenzen setzen. Bei nervösen Herzbeschwerden ist es von großem Nutzen, viel Maigrün und Tannengrün um den Herzbereich herum zu tragen.

Übrigens: Die früher übliche Gewohnheit, den Tannenbaum ausschließlich mit roten Äpfeln oder roten Kugeln zu schmükken entsprach einer äußerst konstruktiven Idee. Während der licht- und energiearmen Zeit holte man sich die Energie der Tanne selbst ins Haus und belebte sie und den Betrachter mit dem roten Schmuck.

Nutzen wir die Energie der **Edelsteine,** helfen uns der Malachit, der grüne und der rosa Turmalin, der Aventurin und der Jade; außerdem der Peridot, Moosachat, Chrysocoll. Die stärkste Energieschwingung gibt der Smaragd ab. Wie schon erwähnt, sollten wir ausschließlich bei guter Grundschwingung mit Smaragdgrün arbeiten.

In der **Musiktherapie** spricht der Ton F die Thematik von Grün an.

Die Venus schenkt uns am **Freitag** einen zusätzlichen „Grünschub". **Numerologisch** gehört die Zahl 4 zu Grün: das Stabile, Erdverbundene.

In der **Meditationstechnik** nimmt man Grün horizontal auf, entweder in der Vorstellung über den Atem oder direkt über das Herzchakra.

Die Farbe Blau

Das Spektrum von Blau liegt zwischen 650-670 Hertz. Durch die vorangegangene Auseinandersetzung mit Rot, Orange und Gelb, den warmen, magnetischen, antreibenden Erdenergien, die sich direkt auf unsere Körperlichkeit beziehen, hatten wir die Möglichkeit, ein gutes Fundament, eine gute Erdung und einen guten Körperbezug aufzubauen. Mit Grün konnten wir erfahren, wie es um das Verständnis für uns selbst, wie es um unsere Mitte, unseren Seelenfrieden, und wie es um die Konditionierung unseres Verstandes steht. Wir konnten bewußt wahrnehmen, was uns fehlt beziehungsweise was uns im Verlaufe des Lebens abhanden gekommen ist. Durch die vorangegangene Auseinandersetzung mit der Körperlichkeit, mit unserem Fundament, ist es nun möglich, daß wir uns den kühlenden, elektrischen, irrationalen Seelenfarben zuwenden, ohne dabei abzuheben.

In der Malerei wird Blau seit Leonardo da Vinci (1452-1519) bewußt eingesetzt, um den Bildern mehr räumliche Tiefe zu geben. So wie Gelb immer nach außen abstrahlt, so zieht Blau immer nach innen. **Blau wirkt ausschließlich auf das Unterbewußtsein.** Es führt den Betrachter in seine eigene Tiefen, zu seiner Seele, zu seinem Ursprung. Blau wird denn auch mit Gefühlstiefe, innerer Sicherheit, Angstfreiheit, Ruhe, Gelassenheit, Zufriedenheit, mit Demut, Glaube, Hoffnung und Treue assoziiert. Blau gilt als Symbol des Wassers. Das Wasser wiederum entspricht der Symbolik des Unterbewußtseins.

Wollen wir den vollen Nutzen aus dem breit gefächerten Einsatz von Blau ziehen, ist es notwendig, uns zunächst ausgiebig mit der psychologischen Thematik dieser Farbenergie zu befassen. Wie bereits früher erwähnt, können wir Menschen ausschließlich über das Bewußtsein, über die Bewußtwerdung Zugang zum Unterbewußtsein finden. Hat nun der Mensch bislang ein vorwiegend von der Ratio, vom Verstand, bestimmtes Leben geführt, wird er durch die Thematik der nun folgenden irrationalen Seelenfarben wirklich herausgefordert. Sein Verstand wird hartnäckigen Widerstand leisten, wird alle seine Register ziehen, um dagegen zu argumentieren. Er will dem herausgeforderten Menschen mit allen ihm zur Verfügung stehenden Möglichkeiten beweisen, daß die neuen Gedankengänge, die Auseinandersetzung mit der Seele, mit dem ganzheitlichen Sinn des Menschseins ausschließlich dumme Hirngespinste sind, die weder Hand noch Fuß haben und so schnell wie möglich wieder wegrationalisiert werden müssen.

Auch wenn das bisherige Leben beziehungsweise das Ergebnis der alten eingefleischten Denk- und Verhaltensmuster völlig unerfreulich war und viele Lebensschmerzen verursacht hat, wird sich der Verstand vehement gegen neue Wahrheiten zu wehren versuchen. Es findet eine große Verunsicherung statt. Genau genommen, hat der Verstand Angst, seine bisherige Aufgabe der Wertung, Bewertung und Verurteilung zu verlieren. Er braucht keine Angst zu haben, seine Aufgabe wird „nur" umgelagert. In Zukunft muß er uns helfen, die alten falschen Muster zu erkennen, damit wir aus der neu erarbeiteten Bewußtheit heraus handeln können.

Wir Menschen könnten uns unendlich viele Seelenschmerzen und Leiden ersparen, würde uns bereits in der frühen Kindheit die Einstimmung auf die ewig gültigen geistigen Gesetze gelehrt. Viele von uns kämpfen ein halbes Leben mit allen verstandesmäßigen Mitteln gegen den Lebensfluß, gegen die ewigen Wahrheiten. Von der Schöpfungsordnung her wäre es allen Menschen möglich, ohne Leiden zu lernen. Vermutlich haben wir uns das „Erkennen und Lernen durch Leiden" solange eingeredet, bis es zu einer Zellwahrheit geworden zu sein scheint.*

---

* Falls jemand mehr zu dieser Thematik wissen möchte, empfehle ich das Buch: „Die geistigen Gesetze" von Kurt Tepperwein (siehe Literaturverzeichnis).

Es entspricht einer Tatsache, daß die Entscheidung zu einem bewußteren, ganzheitlichen Leben mit eigener Prägung sehr viel Mut und Urvertrauen abverlangt (Rot-Thematik). Wollen wir uns von alten, eingefleischten, verstandesbetonten Verhaltensmustern verabschieden, fühlen wir uns logischerweise zeitweise äußerst verunsichert. Wir möchten annehmen, loslassen, geschehen lassen lernen. Wir möchten wieder glauben lernen, daß es das Leben absolut gut mit uns meint, daß alles, was kommt, gut und immer besser wird, ausschließlich unserem Wohl und unserem inneren Wachstum dient. Wir müssen das Leben doch im Griff haben! So lehrt es doch schließlich unsere Gesellschaft. Die mächtigste Angst, die uns die Lebensfreude, die Gelassenheit, schließlich den Schlaf und die Gesundheit raubt, besteht doch darin, die Kontrolle, die Übersicht zu verlieren: „es" nicht mehr im Griff zu haben.

Da kommt jemand daher und wagt zu behaupten, daß diese Überzeugung für unser Menschsein – und unseren wirklichen Erfolg im Leben – eher hinderlich, wenn nicht sogar falsch ist . . . Vielleicht werfen Sie nun das Buch weg?! Wir haben zu glauben verlernt, daß jeder Stein auf der Lebensstraße eine Botschaft, ein Hinweis ist, daß uns irgendwelche Fehler in der Lebensführung unterlaufen sind, die es zu überdenken gilt. Wir wollen und können nicht mehr glauben, daß die Hindernisse auf unserem Weg, wenn wir sie beachten und ihre Botschaft zu verstehen versuchen, unserem persönlichen Wohl dienen, daß sie uns sogar direkter, ohne zermürbende Umwege, zu unserem Ziel führen wollen.

Dieses ganze Theater, „alles im Griff haben zu müssen", das uns so schlecht bekommt, das uns unglücklich und traurig macht, das unsere Lebensqualität massiv einschränkt, bezeugt nicht mehr und nicht weniger, als daß unser angeborenes Urvertrauen und der Glauben in die schöpferische absolute Bejahung unseres Individuums unterwegs verlorengegangen ist.

Diese anstrengende, vom Ego gesteuerte Kontrolle der Willenskraft zeigt uns unmißverständlich, daß wir zwar an tausend äußere Einflüsse und Mächte glauben gelernt haben, es uns aber beinahe unmöglich erscheint zu glauben, daß die Kraft, die Macht, die uns erschaffen hat, absolut Eins und Unteilbar ist: die vollkommene Liebe, das reine Licht.

Die Schöpfungsliebe ist dermaßen bejahend, daß unser Verstand damit überfordert ist, dies zu glauben. Es fällt uns rein durch die Sinneseindrücke unserer Lebenserfahrung viel leichter, an äußere Widrigkeiten, an Halbheiten, an Mächte und Tatsachen, die gegen uns beziehungsweise gegen die Möglichkeit eines erfüllten, glücklichen Lebens gerichtet sind, zu glauben. So haben wir es gelernt, so war es doch immer! Wir haben doch erlebt, daß wir wirklich einen Schnupfen bekommen, wenn wir im Durchzug stehen. Wir haben doch erlebt, daß wir nie einen Parkplatz finden, daß wir immer Pech haben, wenn's darauf ankommt, daß wir bei Föhn immer Kopfschmerzen haben, daß am Ende des Geldes immer noch so viel Monat übrigbleibt usw.

Wir bekommen in der Tat alles, was wir glauben – das Gute wie das Schlechte. Das ist die göttliche Gerechtigkeit. Liegt es doch in unserem Interesse, unsere Entscheidungskraft zu nutzen, um die negativen Gedankenmuster Schritt für Schritt auszumerzen und in positive Erwartungen umzuwandeln (und das Wort *immer* ab heute ausschließlich nur noch für positive Erwartungen anzuwenden). Es geht darum, der absoluten, unteilbaren Bejahung unseres Wesens wieder Glauben schenken zu lernen. Von dem Augenblick an, wo diese allumfassende, absolut bejahende Kraft teilbar wird, hält das Universum nicht mehr zusammen!

Von Natur aus, von der Schöpfungsordnung her, stünde sogar jedem einzelnen Menschen, egal mit welcher „Startposition", ein erfülltes Leben, ein voller Erfolg in jeder Beziehung zu. Alles andere ist, genau genommen, verstandesmäßiger Aberglauben, den wir leider als gültige Wahrheit anzunehmen gelernt haben.

Ab und zu gibt es Wünsche, die sich noch nicht erfüllen können, auch wenn wir uns bereits für die geistigen Gesetzmäßigkeiten geöffnet haben – oder gerade deshalb. Diese Möglichkeit kommt dann zum Tragen, wenn wir vorher noch eine andere, wichtigere Lebensaufgabe zu erfüllen haben, oder wenn noch etwas Besseres als das Gewünschte für uns bereitsteht. Hier und da ist auch noch ein altes Muster vorhanden, das uns hindern würde, an den positiven Ausgang eines Lebensgeschenkes glauben zu können. Das heißt, wir haben erst im Kopf an die neue Tatsache glauben gelernt, im Unterbewußtsein ist aber noch die alte Wahrheit abgespeichert.

Mit unserem Willen ist es sogar möglich, die Erfüllung eines Wunsches zu erzwingen. Das entspricht unserer menschlichen Willensfreiheit. Es kann sich dabei sowohl um einen Job, eine bestimmte Wohnung oder eine Partnerschaft handeln. Da sich bei jedem einzelnen Menschen letztlich alles um die Liebe dreht, nehme ich das Beispiel einer neuen Partnerschaft, die erfleht, erbettelt, erzwungen wird.

Es klappt, eine neue oder die ersehnte Partnerschaft bahnt sich an. Haben wir aber die zu lernende Lektion der vergangenen Partnerschaft noch nicht verstanden, erhalten wir dasselbe Beziehungsmuster so oft in neuer Verpackung, bis wir die Lektion erkennen. Es besteht sogar die Möglichkeit, daß wir dem idealen Partner begegnen. Wir selbst sind wir aber noch nicht zum idealen Partner gereift und zerstören mit den alten Ängsten, Zweifeln und negativen Erwartungen etwas Wunderschönes.

Mit jeder Wiederholung wird der Schmerz um einiges intensiver. Damit schenkt uns das Leben die Möglichkeit, erwachen zu können. Entdecken wir – genug des Leidens – endlich die Aufgabe und arbeiten sie auf, wiederholt sich die Lektion nicht mehr.

Manchmal, wenn wir offen genug sind, fällt uns etwas ganz anderes zu, als wir uns gewünscht haben. Es kann für unseren Egowillen, für den Verstand sehr schwierig sein zu erkennen, wofür das Überraschungsgeschenk gut sein soll. Am besten versucht man, das einem derart Zugefallene mit möglichst wenig Widerstand anzunehmen im tiefen Vertrauen, daß es letztlich gut für uns, gut für unsere ganzheitliche Entwicklung sein wird.

Betrachte ich mein Leben rückwirkend, staune ich immer wieder, welch vollkommenes Schnittmuster hinter jeder, wenn auch noch so schmerzhaften Lektion verborgen lag. Wann immer ich die Probleme ausschließlich über meinen vom Ego gesteuerten Willen zu meistern versuchte, ging so lange alles schief, bis ich mich machtlos ohn(e)mächtig wieder auf meinen inneren Kanal, meinen Ursprung besann, alles losließ und mich erneut der Schöpfungsliebe und dem Schöpfungswillen anvertraute.

Es ist das Geschenk des Lebens selbst, das uns nach seinen eigenen Gesetzmäßigkeiten verwandeln, wieder ganz werden lassen will. Dies geschieht in der Absicht, daß wir am Ende das Glück der Erfüllung eines ganzheitlich gelebten Lebens in jeder Faser unseres Menschseins erfahren und genießen können.

Bringen wir den Mut auf, uns ganz geöffnet auf die unerschöpfliche innere Kraftquelle einzulassen, können wir endgültig damit aufhören, die Lebensumstände, das Leben selbst, und unsere Mitmenschen über den Verstand zurechtbiegen beziehungsweise manipulieren zu müssen. Dies erweist sich als ein außergewöhnlich befreiender und bereichernder Prozeß.

In der Tat möchte uns die Farbe Blau die Kraft schenken, wieder tief dem vollkommenen Schöpfungsplan vertrauend, mit innerer Sicherheit loslassend, geschehen lassend, annehmen und leben zu lernen. Blau ermöglicht uns, den Egowillen und den Schöpfungswillen zusammenfließen zu lassen. Dies bedeutet, unsere Vielschichtigkeit anzuerkennen, die inneren Werte mit einzubeziehen, um aus dieser Vereinigung das einmalige Kunstwerk unseres Lebens entstehen zu lassen.

Die Vereinigung des Egowillens mit dem Schöpfungswillen stelle ich mir immer wieder bildhaft vor:

Das Blau des Himmels
verbindet sich über dem Horizont
mit dem Blau des Meeres.
Himmel und Erde kommen zusammen, werden eins.
Die leuchtende Sonne am Horizont
ist das Symbol für jene Menschen,
welche die Vereinigung zulassen,
daraus Kraft schöpfen, das innere Licht
zum Leuchten bringen
und damit ihre gesamte Umgebung
erstrahlen lassen.

Um die Vereinigung des Ego- und Schöpfungswillen angstfrei zulassen zu können, braucht es in der Tat ein gutes Fundament des einzelnen, viel Urvertrauen und ab und zu ein positives Ergebnis. Ich denke, es ist klar geworden, weshalb die vorhergegangene gründliche Auseinandersetzung mit den rationalen Farben so wichtig war, bevor wir mit der Thematik der irrationalen Farben begonnen haben. Ein „Abheben“ durch die nicht körperbezogenen Farben braucht nun nicht mehr befürchtet zu werden.

Nach der ausführlichen Besprechung der Tiefenwirkung von Blau fällt es leicht zu verstehen, weshalb der therapeutische Einsatz dieser Farbe so vielfältig ist. Egal, welches Symptom der Körper zeigt, es handelt sich *immer* auch um ein hinterlegtes, verdrängtes Problem aus den tieferen Schichten des Menschen. Angeborene Krankheiten wiederum entsprechen einem speziellen Thema, einer Lebenslektion.

Blau ist die Farbenergie, die wir bei allen Störungen anwenden, die mit jeglichen Formen der Angst, innerer Unruhe, tiefer Unsicherheit, Unzufriedenheit und aller Art von Zweifeln im Zusammenhang stehen. Dabei kann es sich um generelle Ängstlichkeit, Angst vor Menschen und Gruppen, Angst im Dunkeln, Prüfungsangst, Sprechangst oder Angst vor Kritik usw. handeln. Aber auch Schlafstörungen, Bluthochdruck, Herzprobleme ängstlich-nervöser Art, emotionale Unausgeglichenheit und negative Aggressivität behandeln wir mit Blau.

Blau wirkt auf das Kehlkopfchakra. Dieses bündelt die Energie der Schilddrüse. Das erklärt, weshalb sich hypernervöse und hyperaktive Menschen durch die Wirkung von Blau so schnell beruhigen, und weshalb Blau auch bei Hitzewallungen (wie sie beispielsweise während der Pubertät, den Wechseljahren oder bei Aufregung vorkommen) hilft. Dieses Chakra hat auch Einfluß auf den Kehlkopf, auf die Stimme selbst, als Form des kreativen menschlichen Selbstausdrucks.

Blau hat einen entspannenden **und** stärkenden Einfluß auf den Geist und auf die Nerven. Das heißt, wir können Blau bei geistiger Erschöpfung einsetzen, ohne dabei geistig träge zu werden. Es wirkt klärend und stärkend auf die Denkkraft.

Fühlen wir uns nach einer Blau-Meditation etwas schläfrig, haben diese aber nicht zum besseren Einschlafen, sondern zur Erfrischung bei geistiger Arbeit oder nach einem ärgerlichen störenden Anlaß benötigt, reicht eine kurze Orange-Visualisation, um entspannt und fit weiterarbeiten können.

Auf körperlicher Ebene wirkt Blau immer kühlend, energievermindernd, gefäßzusammenziehend und entzündungshemmend. Die stark kühlende, entzündungshemmende Wirkung nutzen wir bei allen eitrigen und infektiösen Beschwerden, sei dies ein Umlauf, eine Hautentzündung, ein Insektenstich, Ohren- oder Halsweh oder eine eitrige Angina.

Werden blaue Halstücher, gefüllt mit Speisequark und zerhackten rohen Zwiebeln, bei beginnenden Hals- und Ohrenschmerzen aufgelegt, erübrigt sich damit in den allermeisten Fällen der Einsatz eines Antibiotikums. Zudem entspricht Blau innerlich und äußerlich angewandt einem außerordentlich starken Schmerzmittel, vor allem für jegliche Schmerzen entzündlicher Art. Beispielsweise bei Lumbago (Hexenschuß), Ischias, akuten Rheumaschüben, entzündlichen Gelenk- und Skelettschmerzen. Blau hilft auch bei wachstumsbedingten Knieschmerzen mit Flüssigkeitsansammlungen (zusätzlich Kohlblätter auflegen, einbinden und die Entsäuerung des Körpers mit einbeziehen).

Das reichliche **Trinken von blau solarisiertem Wasser** ist bei jeder Form von entzündlichen Schmerzen, bei Fieber, Bluthochdruck, Ängstlichkeit, Nervosität, Hyperaktivität und Schlaflosigkeit sehr empfehlenswert. Bei starker Migräne habe ich mit Blau aufgrund seiner gefäßzusammenziehenden Wirkung sehr gute Erfahrungen gemacht. Sind Warzen durch Grün nicht verschwunden, wenden wir Blau an. Leuchtendes Blau vermag Krämpfe und Verspannungen ängstlicher Art, auch im Atembereich, aufzulösen. Asthma-Patienten beispielsweise leiden oft unter starker Angst, zu wenig Luft zu bekommen.

Speziell erwähnen möchte ich die außergewöhnlich gute, intensive und vielschichtige Einsatzmöglichkeit der Farbe Türkisblau. Etliche Menschen verwechseln Türkis mit Smaragdgrün. Ich meine das leuchtende Azurblau des Himmels und des Meeres. Türkisblau wirkt sowohl auf die innersten wie auch auf die äußersten Aspekte des Menschen. Wir können es zum Wohl der Seele, des Skeletts und der Haut einsetzen. Mit Türkisblau können wir sogar die innersten und äußersten Schichten zusammenbringen.

Beispielsweise lassen sich durch diese Farbenergie Sprech- und Prüfungsängste abbauen. Es ist die Farbe der Massenkommunikation. Das heißt, sie nimmt dem Menschen die Angst bei Vorträgen vor Gruppen. Sie hilft gegen das Stottern ebenso, wie sie einem schüchternen Kind die Angst vor den Mitschülern nimmt. Zu diesem Zweck empfiehlt sich eine reichliche Zufuhr von Türkis-Energie: angefangen von türkisblauen T-Shirts, Hemden und Pullovern; türkisblauer Bettwäsche, solarisiertem Wasser und, falls möglich, Türkis-Meditationen.

Um auf die Schüchternheit zurückzukommen: Wie wir wissen, fehlt diesen Menschen ausreichend Rot-Energie. Würde ich nun aber ein schüchternes Kind mit viel Rot ausstatten, damit es die Angst vor den Mitschülern verliert, hätte ich kaum Erfolg. Die Rot-Energie ist im Moment viel zu stark für das Kind. Sie kann nicht frei fließen, nützt dem Kind nichts. Im Gegenteil, die visuelle, energetische Wirkung würde vermutlich eher von den Mitschülern genutzt, um das Kind noch mehr zu hänseln oder zu plagen.

Türkisblau hingegen ist fähig, an das Kind innere Sicherheit abzugeben, die es nach außen fließen lassen kann. Trotz der kühlenden Wirkung hilft diese Farbe auch bettnässenden Kindern (falls zu kühlend, auf Pink oder Rosa ausweichen).

Türkisblau festigt das Wesen selbst und das gesamte Nervensystem. Deshalb lassen sich auch emotionale Störungen pubertierender junger Menschen erträglicher gestalten. Wir setzen so viele türkisblaue Aspekte wie möglich ein: Tischgedecke, Bettwäsche, Pyjamas – und falls akzeptiert – T-Shirts, Pullis usw.

Bei entzündlichen Skeletterkrankungen, wie beispielsweise beim Morbus Bechterew und ähnlichen Beschwerden, auch bei Hüftgelenksproblemen empfiehlt sich die Anschaffung eines türkisblauen Büro- oder anderen Stuhles.

Ebenso erfolgreich verwenden wir Türkisblau bei Sonnenbrand und anderen Hautverbrennungen.

Nebenbei erwähnt, es gibt eine Studie, die besagt, daß Männer mit der Lieblingsfarbe Türkisblau die charmantesten aller Männer seien . . .

Die räumliche Verwendung von Türkis wäre in Warte- und Sprechzimmern von Kinderärzten und Zahnarztpraxen sehr zu empfehlen.

Natürlich möchte ich auch auf die räumliche Verwendung von Blau zu sprechen kommen. Blau eignet sich hervorragend für Räume mit großer Hitzeentwicklung (Gegenpol beachten, ansonsten werden die Arbeiter zu müde. Ist die Hitze durch ein Feuer bedingt, erübrigt sich der Gegenpol). Räumlich eignet sich jeder Blauton für Streßbereiche, immer aber in Kombination mit einer anregenden Farbe, beispielsweise Gelb oder Orange. Als Schlafzimmer-, Pyjama- und Leintuchfarbe ist Blau hervorragend geeignet – es sei denn, das Liebesleben müsse angekurbelt werden.

Aufgrund seiner kühlenden, energievermindernden, gefäßzusammenziehenden Wirkung ist Menschen, die ständig frieren und sowieso schon müde und energielos sind, von blauer Bettwäsche und Kleidung abzuraten. Auch der Kauf von blauen Socken, Strumpfhosen, Hand-, Ski- und Winterschuhen ist gut zu überlegen. Kinder und Erwachsene mit schwacher Blase reagieren unmittelbar auf die noch stärker kühlende Wirkung von Dunkelblau. An heißen Tagen hingegen schenken uns blaue Kleider eine willkommene Abkühlung.

In südlichen Ländern treffen wir vielfach blaue Türrahmen an. Hier wird Blau eigens dazu verwendet, die Fliegen, welche das kühle Blau meiden, abzuhalten.

Blaue Kleidung gibt uns grundsätzlich innere Sicherheit. Je dunkler das Blau, um so intensiver ist die Wirkung. Es entsteht eine Art Sicherheitsabstand zu unseren Mitmenschen. Mit Blau gehen wir zwar ausgesprochen friedlich durchs Leben, aber die zwischenmenschliche, belebende, bereichernde Nähe, die das Leben so spannend macht, wird mit dem ständigen Tragen von Blau verhindert.

Es ist tatsächlich so, daß schüchterne, introvertierte Menschen unbewußt Blau, vor allem dunkle Blautöne in der Kleidung bevorzugen, wenn sie unter oder vor die Menschen „müssen". Dies entspricht eher einer nützlichen Symptombekämpfung. Das eigentliche Thema, die Ursache der Unsicherheit und der Angst vor den Mitmenschen, muß irgendwann über die Energien von Rot, Orange und Gelb aufgearbeitet werden.

Nahrungsmäßig sind wir mit Blau-Energien, mit eigentlicher Seelennahrung eher unterversorgt. Auch läßt sich laut Roman Brantschen (siehe Literaturverzeichnis) eine Blau-, Indigo- oder Violett-Energie oftmals kaum voneinander unterscheiden. Tatsache ist, daß jede Art von blau-, indigo- oder violettgetönten Früchten und Gemüsen eigentlicher Seelennahrung entspricht. Blau zugeordnet sind: Pflaumen, Heidelbeeren und blaue Trauben.

Blaubetonte Menschen und **Blauliebhaber** sind vielfach gutgläubige Idealisten mit mangelndem Realitätsbezug, mit schwachen Urenergien. Sie können unabhängig und gleichzeitig gesellig sein. Das heißt, ihrer ausgesprochenen Sensibilität wegen brauchen sie nach einem Zusammensein mit Menschen eine ebenso lange Zeit des Alleinseins. Ohne es zu wollen, nehmen sie alle Sinneseindrücke wie ein Schwamm auf. Sie fühlen sich so stark in andere ein, daß sie ihr Eigengefühl sehr schnell verlieren. Um sich selbst wieder spüren zu können, brauchen sie ausreichend Zeit für die Verarbeitung der vielen Eindrücke. Es sind Menschen, die außerordentlich gut mit sich allein sein können. Sie schöpfen ihren seelischen Reichtum aus diesem mit dem Alleins-sein.

Vielen von ihnen trägt dieses bewußte Alleinseinkönnen den Ruf eines asozialen, unzugänglichen, depressiven Eigenbrötlers ein. Überhaupt stoßen diese feinfühligen Menschen sehr oft auf grobes Unverständnis der Mitwelt. Denn viele von ihnen sind extrem schüchtern und haben ein Kommunikationsproblem. Es fällt ihnen sehr schwer, zur eigenen Meinung zu stehen, sie notfalls auch zu verteidigen, denn sie haben große Angst vor Streit und vor dem Abgelehntwerden. Auch haben sie Mühe, zu ihren innersten Gefühlen zu stehen und diese zu zeigen. Sie halten sich zurück und werden, trotz hochsensiblem Wesen, als kühl, distanziert, unnahbar und arrogant bewertet.

Blaubetonte Menschen werden nicht umhin kommen, den Weg zum kreativen Selbstausdruck zu finden, sei es schreibend, malend oder bestenfalls sprechend. Das Interessengebiet dieses Typus umfaßt alles, was mit Feinsinnigkeit und Mensch-sein zu tun hat: angefangen von Kunst, Musik, den Wundern der Natur, heilenden Wissenschaften bis hin zur Spiritualität. Der vielfältigen Interessen wegen müssen sie sich aber täglich aufs Wesentliche konzentrieren, sich Prioritäten setzen, ansonsten zersplittern sie sich.

Der gesamte seelische Reichtum blaubetonter Menschen ist vergeblich, wenn sie als schüchterne Einzelgänger durchs Leben gehen. Sie müssen wirklich lernen, ihre innerste Überzeugung, ihr Wissen und ihre Gefühle den Mitmenschen zugänglich zu machen. Fehlt ihnen der Mut dazu, werden sie langfristig sehr unzufrieden, unruhig, innerlich zerrissen, überängstlich und schotten sich tatsächlich von den Mitmenschen ab.

Werden blaubetonte Menschen enttäuscht, geben sie den Mitmenschen immer wieder eine neue Chance. Das heißt, bevor sie andere anklagen, stellen sie sich selbst in Frage und überhäufen sich mit Selbstvorwürfen. Diese Problematik hat mit ihrer extremen Konfliktscheuheit und ebenso extremen Harmoniebedürftigkeit zu tun. Dem Frieden zuliebe schlucken sie alles, verleugnen sich selbst. Sie haben Angst davor, ihren natürlichen Machtanspruch geltend zu machen, ihren Raum einzunehmen und mit einer gesunden Aggressivität abzugrenzen. Reicht es ihnen dann wirklich einmal, sind ihre Ausbrüche völlig überdimensioniert und werden von niemandem verstanden. Kein Mensch kann ahnen, welche Schmerzen, welche Mengen an Enttäuschung usw. bereits geschluckt worden sind, bis es zur Explosion kam. Der mangelnde Rot- und Orange-Energieanteil blaubetonter Menschen muß unbedingt aufgearbeitet werden.

Vielfach läßt sich mitverfolgen, wie sich blaubetonte Menschen in ihrer Jugend vom stärksten Gegensatz, dem mutigen, vorwärtsdrängenden, rotbetonten Menschen angezogen fühlen. Ist man sich der Möglichkeiten, die hinter dieser äußerst schwierigen Beziehungskonstellation stehen, bewußt, können beide unwahrscheinlich voneinander profitieren. Ist man sich der Aufgabe aber noch nicht bewußt, wie das in jungen Jahren wahrscheinlicher ist, so wird diese Beziehung beiden viel Enttäuschung und Schmerzen bringen. Denn gerade auch in ihrem Zusammensein bewegen sich diese beiden Menschen in die gegensätzlichsten Richtungen, die überhaupt möglich sind. Der rotbetonte Mensch kämpft noch mehr, denn Kämpfen gehört zu seinem lebenslangen Hobby. Er will den Partner von der Richtigkeit seines Willens und Wollens überzeugen. Es drängt ihn zu noch mehr Aktivitäten, vorwärts, nach außen. Er geht beinahe zugrunde am Tiefsinn, der Ruhe und Gelassenheit und dem Weitblick des blaubetonten Menschen. Dieser wiederum fühlt sich gedrängt, in seinen Bedürfnissen und subtilen Grenzen mißachtet, unverstanden und überfordert von dem Partner, der nicht zur Ruhe kommen kann. Der blaubetonte Mensch zieht sich tief gekränkt, beleidigt und nachtragend, wie er ist, in sein zerbrechliches Schnekkenhäuschen zurück. Dabei hätte er die Möglichkeit, vom Ur- und Selbstvertrauen, vom Mut, der Bewegungsfreude, dem Tatendrang, der Risikofreude und der Kampfbereitschaft des gegensätzlichen Partners zu profitieren. Der rotbetonte Mensch hätte seinerseits die Möglichkeit, vom Partner zu lernen, in sich selbst zu gehen, in sich zu horchen, es mit sich selbst allein aushalten zu lernen, ruhig zu werden, um aus der Stille Kraft und eine ganzheitliche Sichtweise zu schöpfen. Bestenfalls könnte sich jeder die ihm fehlenden Attribute durch den anderen aneignen. Beide hätten die Möglichkeit, über den Partner wieder ganz zu werden.

Löst sich eine so gegensätzliche Beziehung schmerzvoll auf, entdeckt man dann dieselbe Konstellation bei einem der eigenen Kinder, gilt es zu erwachen und die Chance zu nutzen, die Lernaufgabe wahrzunehmen, umzusetzen, davon zu profitieren.

Obwohl Blau nach den allermeisten Umfragen die Lieblingsfarbe ist, gibt es auch einige Menschen, die Blau konsequent ablehnen. Erträgt ein Mensch die blaue Farbe weder an sich noch in seiner nächsten Umgebung, kann davon ausgegangen werden, daß diese Person ein seit langem bestehendes, tiefes psychologisches Problem mit sich herumschleppt. Die Vermutung liegt nahe, daß der Betreffende in der Kindheit ganz gravierend um die ihm von Natur aus zustehende Liebe betrogen wurde, und zwar meist in Form von krassem Liebesentzug (Eingesperrtwerden im Dunkeln, Gewalttätigkeit, körperlicher und geistig-seelisch-mentaler Mißbrauch). Das Urvertrauen ins Leben, in die Menschen und in die Welt wurde sehr früh zerstört. Vielfach sind es denn auch Heim- oder Pflegekinder oder aber Kinder, die ihre Eltern sehr früh verloren haben und über den Verlust nie hinweggekommen sind.

Je nach Sensibilität des einzelnen Kindes reichen auch subtilere Formen aus, um dieselben Gefühle des Liebesentzugs auszulösen. Die Betroffenen fühlen sich ein Leben lang ungeliebt, betrogen, und sie sind extrem mißtrauisch. Sie warten regelrecht darauf, ungeliebt, unwillkommen zu sein, immer wieder enttäuscht, hintergangen, betrogen, ausgestoßen und ausgenutzt zu werden.

Mit dieser Überzeugung als Geisteshaltung (als Zellwahrheit) ziehen sie das am meisten Gefürchtete beinahe magnetisch an.

Meist gleicht ihr Erwachsenenleben einem perfekt funktionierenden Fluchtprogramm: Flucht in Konsum, Flucht in Luxus, Snobismus, pingelige Reinlichkeit bis zum Putzzwang und extreme Fassadenpflege. Jegliche Innerlichkeit wird mit allen zur Verfügung stehenden Mitteln vehement verdrängt. Auch wenn sie an hartnäckigen, ernsthaften Krankheiten leiden, die Ursache, der Sündenbock wird ausschließlich in der Außenwelt gesucht. Zu groß ist die Angst vor dem Schmerz, falls sie beginnen würden, nach innen zu hören. Ihnen zu helfen, ihre traumatischen Erlebnisse aufzuarbeiten, ist in den seltensten Fällen möglich.

Alle elektrischen Farbenergien – Blau, Indigo und Violett – lassen wir in der Farbmeditation mittels, in der Vorstellung, geöffnetem Scheitel einströmen. Örtlich entspricht diese Öffnung der Fontanelle des neugeborenen Kindes. Übrigens, nach dem Tod öffnet sich die diese Schädellücke am Scheitelpunkt wieder.

Wir stellen uns vor, unser Körper entspräche einem Gefäß, einem Topf, der sich bis zum Überlaufen mit Farbenergie füllt. Nach der Meditation ist es wichtig, in der Vorstellung den Scheitel wieder zu schließen.

Steine mit unterstützender Blau-Energie: Aquamarin, heller Sodalith, Chalcedon, Opal, Spinell, Mondstein, Lapislazuli, blauer Topas, Saphir und Zirkon.

Der mit Blau schwingende **Ton** ist G.

Unter den Planeten sendet uns **Jupiter** jeweils am **Donnerstag** einen zusätzlichen Blau-Energieschub.

Numerologisch gehört die Zahl 5 zu Blau.

Die Farbe Indigo

Das Spektrum von Indigo liegt zwischen 680-720 Schwingungen pro Sekunde. **Wir sind nun bei der zweitstärksten aller Farbenergien angelangt.** Nur Violett ist noch stärker in seiner Wirkungsweise. Sich die Farbe Indigo vorzustellen bereitet vielen Menschen Mühe. Es sieht anders aus als Marineblau. Es ist ein sehr dunkles, sattes, vornehmes Blau mit einem leichten Violettstich. Alle, die noch die ursprünglichen Indigo-gefärbten Bluejeans vor Augen haben, wissen denn auch, wie die Farbe aussieht. Färbten die Jeans aus, war das Waschwasser lila. Lila entspricht der sanfteren Ausgabe von Indigo. Auch im Regenbogen sehen wir Lila, nicht Indigo.

Daß sich unter dem Begriff der Farbe Indigo so wenige Menschen etwas vorstellen können, hat damit zu tun, daß Indigo seit 1964 bei uns nur noch synthetisch hergestellt wird. Am ehesten findet man naturreines Indigo noch bei Seidentüchern, die direkt aus Indien kommen.

Der natürliche Indigo-Farbstoff kam vom Indigostrauch, dessen rote Beeren früher von den Färbern am Sonntag als Farbbad angesetzt wurden. Die zu färbenden Textilien wurden ins Farbbad gegeben. Am Montag hing man das eingefärbte Leinen und die Wolle um die Städte herum auf. Durch den Einfluß der Luft oxydierte die Farbe zum klassischen, vornehmen, gesättigten Indigoblau. Fixiert wurde die Farbe mit Urin. Auch die Pflanzenteile wurden als Farbbad angesetzt. Darin färbte man die Textilien der einfachen Leute. Es entstand daraus das auch uns noch bekannte „Arbeitsblau“ von Hemden, Schürzen, Überhosen usw.

Der Ausdruck „blauer Montag“ stammt aus der Zeit der Indigo-Färberei. Die Arbeit war getan. Die Textilien färbten sich an der Luft von selbst. Es durfte ausgeruht werden.

Indigo wird auch als Mitternachtsblau bezeichnet. In einer sternenklaren Nacht können wir diese Farbe auch wirklich in der Zeit um Mitternacht am Himmel wahrnehmen. Während dieser Zeit ihrer vollsten Wirksamkeit haben auch viele Künstler und Erfinder ihre Geistesblitze und ihre kreativsten Phasen. Wenn die Erdenergien zur Ruhe gekommen sind, wenn unser Verstand, die Ratio, das Bewußtsein durch den Schlaf ausgeschaltet ist, sind wir mit unserem Ursprung verbunden. Unsere innere Führung, die innere Kraftquelle kann uneingeschränkt wirksam werden. In der Zeit um Mitternacht stärkt Indigo die Geisteskraft, die Inspiration, die Intuition und fördert eine unmittelbare, ganzheitliche Wahrnehmung. Wir können Informationen und Antworten auf all unsere Lebensfragen und Probleme erhalten unter der Voraussetzung, daß wir darum bitten.

Ich bin der Überzeugung, daß hier auch die Auflösung der Aussage verborgen liegt, weshalb der Schlaf vor Mitternacht beziehungsweise um Mitternacht herum so wichtig ist. Denn erhält der Mensch über längere Zeit keine Antworten mehr aus seinem Tiefenbewußtsein, muß er sein Leben zwangsläufig immer mehr über den Verstand regeln. Dies benötigt langfristig viel mehr Energie als „sich führen zu lassen". Wir alle kennen die Redewendung „etwas überschlafen" oder „den Seinen gibt's der Herr im Schlaf".

Gänzlich losgelöst von sämtlichen Verstandesbarrieren, voll und ganz der eigenen Intuition vertrauend, erhalten wir über Nacht die richtigen Antworten auf unsere Probleme. Dies kann in Form von inneren Bildern geschehen, oder daß uns ein Satz in einem Buch ins Auge sticht, der uns weiterhilft, oder wichtige Antworten kommen in Form von Menschen auf uns zu, usw. Wir sind immer öfter zur richtigen Zeit am richtigen Ort, und alles, was wir wirklich brauchen, fällt uns beinahe von alleine zu (Zufall). Ich habe es schon bei Blau erwähnt, manchmal fällt uns etwas ganz anderes zu, als es unserer Absicht entsprach. Unser Verstand hat dann die neue Aufgabe herauszufinden, welchen Nutzen das derart Zugefallene für das ursprüngliche Problem oder auch im Gesamtzusammenhang hat.

Indigo könnte man in seiner gesamten Wirkungsweise und in seiner Anwendung als stärkere Schwester von Blau bezeichnen. Der hauptsächliche Unterschied besteht darin, daß Blau auf das Halschakra, auf die Schilddrüse wirkt, Indigo hingegen auf das **Stirnchakra,** auf das geistige Auge, auch Drittes Auge genannt, auf unsere Intuition. Das Stirnchakra beeinflußt, wie eingangs erwähnt, die Hypophyse (Chef und Dirigent der Hormonproduktion).

Wie ich ebenfalls bereits erwähnt habe, werden sämtliche Funktionsweisen des menschlichen Organismus vom Gehirn aus gesteuert. Sämtliche Informationen werden mittels Hormonen und Nervenbahnen bis in die äußerste Zelle des Menschen weitergeleitet. Zusätzlich trägt jede einzelne der Milliarden von Zellen ihr gesamtes individuelles Lebensprogramm in sich. Jede einzelne Zelle ist eine in sich geschlossene Einheit, die freiwillig und großzügig mit Milliarden von anderen in sich geschlossenen Zelleinheiten harmonisch zusammenarbeitet. (Dieses Bild sollten wir in einer ruhigen Minute auf unsere Mitmenschen, auf das Leben auf Erden übertragen!)

Daß unser Gehirn ausschließlich korrekte Informationen aussendet, ist von größter Wichtigkeit. Indem Indigo vor allem die Hypophyse stärkt, kommen wir der Ursachentherapie immer näher. Ebenso stärkt Indigo unsere mentalen und psychischen Kräfte. Es hat zudem einen außerordentlich stärkenden *und* beruhigenden Einfluß auf das gesamte, auf das willkürliche und unwillkürliche Nervensystem. Orange ist eher die „organische“ Nahrung für das gesamte Nervenkostüm. Gelb stärkt das unwillkürliche Nervensystem. **Indigo vermag die nervlichen Störungen an ihrer Ursache anzupacken.**

Somit verwenden wir Indigo bei stärkster vegetativer Dystonie wie, beispielsweise bei hartnäckigsten Schlafstörungen, bei extremem Zittern, bei außergewöhnlicher Nervosität, bei stärksten Wallungen des Blutes, bei sehr hohem Blutdruck, bei unkontrollierten, starken Schweißausbrüchen, bei starkem Erröten und bei heftiger Migräne. Indigo stärkt das Herz und die Herzkranzgefäße. Neben der medizinischen Betreuung möchte ich unter Angina Pectoris leidenden Patienten und allgemein allen herzkranken Menschen empfehlen, so oft wie möglich **indigofarbene Kleidung** wie Blusen, Hemden, Pullover und Leibchen zu tragen. Falls die Möglichkeit besteht, rate ich zu täglichen Indigo-Meditationen.

Mit Indigo stärken und entgiften wir die Leber, die Nieren und die Lunge samt den Bronchien. Auch die Milz profitiert, nachdem wir sie bereits mit Orange angesprochen haben, von der stärkenden Indigo-Energie. Den effizienten Tiefenreinigungseffekt von Indigo nutzen wir, um das Blut und die Lymphflüssigkeit zu entgiften und um Furunkel und Fisteln zum Verschwinden zu bringen. Indigo empfiehlt sich ebenso zur Entgiftung und Tiefenreinigung des gesamten Organismus nach der Bewältigung einer substanzgebundenen Sucht nach Alkohol, Tabak, Tabletten oder anderen Drogen. Neben den bereits empfohlenen Farbanwendungsmöglichkeiten wäre in diesem Fall eine Holundersaftkur von Vorteil. Hautekzeme lassen sich vielfach über Indigo abheilen. Zumindest verschwindet der damit verbundene Juckreiz innerhalb von kurzer Zeit. Reicht die Blau-Energie nicht aus, um Prellungen und Insektenstiche abzuheilen, gelingt uns dies bestimmt mit Indigo. Mit Indigo stärken wir die Venenwände. Diese Farbenergie entspricht der eigentlichen Krampfadern- und Hämorrhoidenprophylaxe. Abgesehen von der konstitutionellen Schwäche melden uns Varizen und Hämorrhoiden, daß wir mit dem eingenommenen Standort im Leben innerlich unzufrieden sind.

Mentale Übungen, um Krampfadern wegzudenken, sind möglich. Vorsicht aber der möglichen Gerinsel wegen! Ich empfehle solche Übungen ausschließlich mental sehr trainierten Menschen an. Eine Grippe mit Fieber und Schüttelfrost läßt sich mittels Indigo viel schneller als üblich auskurieren. Sobald das Fieber abgeklungen ist, sollte auch Gelb zur Entschlackung mit einbezogen werden.

Unter den Farbenergien ist Indigo das allerstärkste Schmerzmittel. Es ist die Farbenergie, die wir bei allen entzündlichen Schmerzen, vor allem bei Gelenkschmerzen, während akuten Rheuma-, Arthritis-, Arthrose- und Gichtschüben mit erstaunlichem Erfolg anwenden.

Bei allen rheumatischen, arthritischen Beschwerden ist es von großer Wichtigkeit, sehr viel basenbildende Nahrung zu sich zu nehmen und vor allem aggressive Säuren in Form von Zucker und Fertigprodukten nach Möglichkeit zu meiden. Auf körperlicher Ebene lohnt es sich, trotz Schmerzen, die betroffenen Gelenke und Körperstellen regelmäßig, beispielsweise über Spazieren, Radfahren, Schwimmen und Yoga zu bewegen.

Hier möchte ich unbedingt auf den psychischen Hintergrund von den weitverbreiteten verschiedensten Rheumaerkrankungen eingehen. Aus Sicht der Schulmedizin ist der Rheumafaktor – sehr vereinfacht formuliert – ein Antikörper, der sehr oft auch bei anderen chronischen entzündlichen Prozessen, außer bei Rheuma selbst, nachgewiesen werden kann. Man sollte meinen, der Organismus mit seiner Selbstheilungskraft würde nun diesen Antikörper binnen kurzer Zeit eliminieren. Statt dessen bildet er einen Antikörper gegen den Antikörper, wodurch sich der entzündliche Kreislauf schließt. Meine Schlußfolgerung aus diesem absolut körperunlogischen Prozeß lautet: Der Körper des betroffenen Patienten mit vorhandenem Rheumafaktor – arbeitet *gegen sich selbst!*

Im Verlaufe meiner therapeutischen Tätigkeit erhielt ich Einblick in viele „Rheumageschichten" und zog daraus den Schluß, daß die allermeisten der vom rheumatischen Formenkreis betroffenen Menschen leider bereits in ihrer Jugend „gelernt" haben, ihre Lebensenergie auch wörtlich gegen sich selbst zu richten. Es handelt sich dabei um Menschen, die sehr früh erfahren mußten, daß sie so, wie sie wirklich sind beziehungsweise gerne wären, den Erwartungen der Mitwelt nicht genügen, den Ansprüchen nicht standhalten, daß ihr Urwesen nicht in den erwarteten Raster ihrer nächsten Bezugspersonen paßt, so daß sie diese Suggestionen der Mitwelt schließlich als eigene Wahrheit abgespeichert haben. Also gehören auch sie zu den Menschen, die ihr Urvertrauen, die tiefe Selbstbejahung leider nicht aufrechterhalten können (womit wir wieder einmal mehr bei der Rot-Thematik angelangt wären). Die meisten von ihnen haben sich zwar rein äußerlich angepaßt, aber innerlich fühlen sie sich dem Leben, der Außenwelt ausgeliefert. Sie fühlen sich verkannt, ausgenutzt und schikaniert. Viele von ihnen haben einen so tiefen Groll in sich, daß ihnen das Leben tatsächlich am stützenden Gerüst, an der tragenden Substanz, eben am Skelett nagt. Verstandesmäßig haben sie allen Grund, sich weder geliebt, anerkannt noch gestützt zu wissen. Sie haben das Leben bislang als riesigen, dauerhaften Schmerz beziehungsweise Betrug erfahren.

Es gibt aber noch eine andere, zwar aufwendige, aber sich unendlich lohnende Arbeit, die wir bereits besprochen haben: nämlich bewußt in den alten Schmerz einzutauchen, auch die damit verbundene Wut zu durchleben, den gesamten Lebensweg detailliert zu analysieren. Man sollte sogar die Tatsache in Betracht ziehen, daß die Menschen, welche einen so verkannt haben, durch ihre eigene Geschichte gar nicht anders handeln konnten, daß sie es sogar, von sich aus gesehen, gut machen wollten. Es gilt erst recht aufzustehen, Eigenverantwortung zu übernehmen und jeder Form der Fremdbestimmung fortan die Macht abzusprechen.Es geht darum, seiner selbst bewußt das eigene Leben, gemäß eigener Vorstellungen und Ziele, Schritt für Schritt gestalten zu lernen; das „alte Tonband" mit der eigenen, neuen Überzeugung zu besprechen (Grün-Thematik) und sich ausreichend Zeit zum Verzeihen zu lassen; zu lernen, zu sich selbst lieb zu sein, sich selbst zu achten, zu schätzen, zu verteidigen und sich für den kleinsten Schritt in die eigene Richtung zu loben. Und siehe da, die Rheumaschmerzen beginnen sich ebenso schrittweise aufzulösen wie wir Schritt für Schritt unsere Geisteshaltung und Erwartungen ändern, den alten Groll auflösen, und über uns und unser Leben selbst bestimmen lernen.

Die optimalste Kombination in der Farbtherapie, um Rheuma, chronische Skeletterkrankungen und Gicht (eine Fettstoffwechselstörung) aufzuarbeiten, ist die Anwendung von reichlich Indigo zur Tiefenreinigung, Stärkung und Regeneration auf körperlicher, seelischer, emotionaler und geistiger Ebene, im Wechsel mit Gelb wegen der rein körperlichen Entschlackung und der Stärkung des vegetativen Nervensystems. Sobald der gröbste Seelenballast aufgearbeitet ist (evtl. verbunden mit einer Gesprächstherapie) und die heftigsten Schmerzen abgeklungen sind, kann mit der Ursachentherapie und der rückwirkenden Aneignung der verlorengegangenen Grundenergien begonnen werden. Den Einstieg wagen wir über Orange, bis irgendwann der Zeitpunkt stimmen wird, um sich das fehlende Urvertrauen über Rot zu erarbeiten. Durch die intensive Auseinandersetzung mit der starken, bis in die hintersten Seelenwinkel wirksamen Farbe Indigo besteht die Möglichkeit, daß alte Ängste, ebenso wie chronische Beschwerden, zunächst nochmals aufflackern, um sich im Nachhinein für immer aufzulösen. Dies betrifft Phobien, verdrängte Trauer, bis in die Kindheit zurückgehende Ängste und Albträume, seelische Verletzungen ebenso wie körperliche Beschwerden in Form von chronischen Erkältungen und den bereits genannten Gewebe-, Gelenk- und Skelettbeschwerden. Wir haben allen Grund, dieser sogenannten Erstverschlimmerung gelassen entgegenzusehen. Indigo ruft nicht einfach das Thema wach, sondern gibt uns auch die Energie, uns mit der anstehenden Problematik konstruktiv auseinanderzusetzen. Schade finde ich, daß wir vielfach das halbe Leben brauchen, bis wir dazu kommen, unser wahres Potential ins Leben einfließen lassen zu können.

Ich möchte gerne noch näher auf das Thema „Entschlußkraft zur Änderung", das bei Gelb geweckt und bei Blau wirksam wurde, zu sprechen kommen.

Änderung, Wandlung und Veränderung

Diese drei Worte gehören unabdingbar zueinander. *Änderungsphasen* setzen voraus, daß wir, aus welchen Gründen auch immer, den hinter uns liegenden Weg betrachten, hinterfragen und analysieren. Wir stellen bestimmte Erfahrungen und Ergebnisse in Frage. Der Wunsch nach Veränderung erwacht.

Wandlungsphasen setzen den Willen voraus, sich zu verändern, einen neuen Weg zu suchen. Während dieser Phase haben wir bereits eine ziemlich präzise Vorstellung, was wir verändern wollen und müssen, um unser Ziel zu erreichen. Die visuelle Vorstellung ist vorhanden, auch der Wille zur Wandlung wäre da. Aber der Verstand wehrt sich mit allen, ihm zur Verfügung stehenden Mitteln dagegen. Er will nicht loslassen. Eine starke Verunsicherung macht sich breit. Angstgefühle plagen uns. Wir selbst sind es, die entscheiden müssen, ob wir uns weiterhin an die alten Muster klammern wollen – oder aber, ob wir diese zugunsten eines erfüllteren, ganzheitlicheren, glücklicheren Lebens fallenlassen möchten.

Es wird immer der einzelne Mensch selbst sein, der sich täglich und in jeder Situation neu entscheiden muß, welchen Weg er gehen möchte. Niemand kann jemand anderem diese Entscheidung abnehmen, sie erbeten, erbetteln oder sogar „gut gemeint" aufzwingen. Indigo gibt uns die Kraft, den dritten Schritt dieses Prozesses, die tatsächliche Veränderung, die *Verwandlung,* zu wagen.

Wir lassen die eigene Transformation vom Habenwollen zum Annehmenkönnen, zum Sein zu. Alles Neue ist, war und wird immer ein Produkt des Vorangegangenen sein. Die ständige Änderung, Wandlung und Verwandlung entspricht dem geistigen Gesetz der Evolution. Es dient sowohl der Weiterentwicklung des Menschen als auch der Weiterentwicklung des gesamten Planeten. Wäre dem anders, hätte noch nie jemand dieses Loch im Bauch, diese tiefe Sehnsucht nach dem wieder Ganzsein, dem wieder Einswerden gespürt, das uns zum Suchen nach dem Sinn des Lebens drängt.

Von dem Augenblick an, wo die Nabelschnur durchgetrennt wird, ist der Mensch auf der Reise, auf der Suche nach Wiedervereinigung mit seinem Ursprung. Vielfach verdrängen wir diese Leere, dieses Sich-abgetrennt-Fühlen, oder wir versuchen es mit Verhaltenssüchten zu stillen, beispielsweise mit Beziehungssucht, mit Arbeitssucht, Sucht nach Luxus, nach Konsum, mit Eß- und anderen substanzgebundenen Süchten, wie Rauchen, Trinken, Tabletten und anderen Drogen.

Laut Bob Toben und anderen Physikern ist Materie nicht mehr und nicht weniger als, von der Gravitation eingeschlossenes, Licht. Das Gesetz der Gravitation oder Schwerkraft beschreibt die Eigenschaft der Materie, daß sich zwei Massen gegenseitig anziehen. (Newtons Formel dazu kann im Lexikon nachgeschlagen werden). Mental außergewöhnlich starke Menschen, beispielsweise Uri Geller und einige Metaphysiker, konnten für uns diese noch nicht beweisbaren Wahrheiten nachvollziehbar machen.

Für mich persönlich bestätigen diese Aussagen meine Annahme, daß alle Menschen, bildlich gesprochen, in Materie verpackte Lichtwesen sind. Je nachdem, wo der einzelne Mensch in seinem

Leben steht, kommt eher die Materie oder eher das Licht zum Tragen. Rein äußerlich werden wir ein Leben lang vom Licht begleitet. Da liegt der Sinn doch nahe, auch das innere Licht zum Erstrahlen zu bringen und soviel Licht wie möglich ins alltägliche Leben einfließen zu lassen. Vielfach erfahren jene Menschen, die im Leben bereits durch harte Schicksalsschläge auf sich selbst zurückgeworfen wurden, durch die Blau-Energien eine außerordentliche Befreiung. Sie können unmittelbar vom Seelenbalsam dieser Farben profitieren.

Jene Menschen, die momentan noch eine starke Abwehr gegen den seelischen Tiefgang der irrationalen Seelenfarben spüren, sollten diese Aversion ernst nehmen und die Thematik vorläufig ruhen lassen. Es ist die Angst vor der eigenen Spiritualität, die da zum Tragen kommt. Ist die Zeit reif, wird sich das Bedürfnis zur Auseinandersetzung mit den tieferen Schichten des Menschseins automatisch melden. Wenn ein Mensch sein darf, wie er ist, samt Fehlern, Mängeln und Unzulänglichkeiten, sich selbst genauso bejahen lernt, dann kann er werden, wie es dem Schöpfungsplan gemäß ist.

Das Gemeinschaftsgefühl und die menschliche Güte sind Attribute, die der Farbe Indigo zugeschrieben werden. Jeder Mensch, der die eigene Identität erfahren durfte, kann sich problemlos in eine Gruppe einfügen. Er kann sogar gesinnungsmäßige Verschmelzung zulassen, ohne sich dabei zu verlieren. Das Selbstgefühl ist gestärkt, bestenfalls unerschütterlich geworden. Dieser Mensch kann jede Form des So-oder-anders-Seins der Mitmenschen annehmen und akzeptieren, ohne seine eigene Andersartigkeit in Frage stellen zu müssen. (Viele Menschen können vor sich selbst leider nur bestehen, wenn sie die Ansichten der andersdenkenden Menschen verurteilen, zunichte machen.)

Der Mensch erfährt sich als Ganzes, als wichtiger und richtiger Teil eines noch viel größeren Ganzen. Daraus erwächst das gütige Wohlwollen gegenüber allen Wesen beinahe von selbst. Anerzogene Begrenzungen verlieren ihren Einfluß. Der Mensch kann sich kampffrei in die verschiedensten Gemeinschaften einbringen.

Indigo sendet eine äußerst spirituelle und starke Energie aus. Zu Beginn des Arbeitens mit Farben, vor allem mittels Farbmeditation, ist es von Vorteil, mit der sanfteren Ausgabe von Indigo, mit Lila zu arbeiten. Hingegen darf man sich jede stark schmerzende Körperstelle in reinem Indigo vorstellen oder kann sie auf jeden Fall mit einem indigofarbenem Seiden- oder Baumwolltuch bedecken und sich ans Tageslicht begeben.

Die Meditation auf Indigo ist äußerst wirksam zum Einschlafen und auch bei extremen Schlafstörungen erfolgreich. Persönlich gebrauche ich die Indigo-Meditation, um während des Schlafes Antworten auf meine Lebensfragen und Probleme, die ich vor dem Einschlafen bewußt formuliere, zu bekommen.

Ist für einen Menschen die Zeit reif geworden, um wieder hellfühlig oder hellsichtig zu werden, geschieht dies meist über die Auseinandersetzung mit Indigo. Übrigens kann es sehr erschreckend und beängstigend wirken und den betroffenen Menschen völlig verunsichern, wenn er plötzlich mehr wahrnimmt als andere.

Menschen mit betontem, frei fließendem Indigoanteil, sind äußerst korrekt, sehr gewissenhaft, pflicht- und verantwortungsbewußt. Sie haben die angeborene Gabe der ganzheitlichen Führung. Sie lehren durch ihr vorgelebtes Beispiel. **Wir finden sie vielfach unter begnadeten Künstlern, Heilern und Sehern.** Aber auch unter Sozialarbeitern und Bürofachleuten treffen wir viele indigobetonte Menschen an; die meisten finden wir unter Lehrkräften. Durch die angeborene Gabe der ganzheitlichen Führung können sie hervorragend lehren, wenn die Indigo-Energie frei fließt. Denn ebenso stark und heilsam wie diese Farbenergie im positiven Aspekt ist, ebenso kraß ist die Auswirkung im blockierten Aspekt. Bei einer Lehrkraft würde sich die Gabe der ganzheitlichen Führung, der Korrektheit usw. in blockierter Form in einer außergewöhnlich strengen, leistungsorientierten, perfektionistischen, verständnislosen und herrischen Lehrweise äußern. Im blockierten Aspekt stellen diese Menschen an sich und an die Mitwelt extreme Perfektionsansprüche, denen weder sie selbst noch jemand anders gerecht werden kann. (Ich denke, die meisten von uns hatten in der Kindheit die Gelegenheit, unter den Lehrkräften eine blokkierte Indigo-Betonung kennenzulernen; man konnte sein absolut Bestes geben, aber sie fanden immer irgendein Detail, um noch eine abwertende Kritik anbringen zu können).

Zum negativen Aspekt der Farbe Indigo gehört auch die extreme Absonderung von der Mitwelt. Menschen, die sehr schüchtern sind und sehr zurückgezogen leben, sollten vorläufig ausnahmslos mit Lila, nicht mit reinem Indigo arbeiten (und zwar vor allem bei der Farbmeditation). Dies gilt so lange, bis die fehlenden Grundenergien aufgearbeitet sind. In der Bewußtheit, daß sie sich einer vorläufigen Symptomtherapie bedienen, dürfen sich schüchterne Menschen aber trotzdem der inneren Sicherheit bedienen, welche Indigo und alle dunklen Blautöne über die Bekleidung abgeben, falls sie unter die Leute gehen „müssen". Allen Menschen, die auf ein sicheres Auftreten angewiesen sind, möchte ich empfehlen, die dunklen Farben um den Unterkörper herum zu tragen, inklusive dunkler Schuhe. Frauen fühlen sich in Hosenkostümen meist besser geerdet und sicherer als in Röcken. Der Oberkörper kann farbig bekleidet werden. Zu stark gemusterte, vielfarbige Blusen und Hemden machen unruhig bis nervös. Unifarbene Stoffe geben den Trägern und den Betrachtern eindeutige Signale ab.

Zum Thema Bekleidung möchte ich gerne noch hinzufügen, daß ich im Verlaufe der Jahre durch die Farbnumerologie zum

Ergebnis gekommen bin, daß dem Menschen jene Farben am besten stehen, die er bereits als vorrangige farbenergetische Eigenschaften in sich trägt. Eignet sich der Mensch im Verlaufe der Jahre die noch fehlenden Grundeigenschaften an, beginnen ihm auch die damit verbundenen Farben zu stehen. Diese Erkenntnis dürfte für alle Farb- und Stilberaterinnen von Nutzen sein.

Zur räumlichen Verwendung eignet sich Indigo schlecht. Lila hingegen ist eine ausgezeichnete Farbgebung zur Gestaltung von Pausenecken, Gemeinschafts- und Meditationsräumen. Indigofarbene Bettwäsche und Schlafzimmervorhänge sind allen gestreßten, von tiefen Ängsten geplagten sowie auch pubertierenden Menschen sehr zu empfehlen. Indigo sei auch allen Frauen im Klimakterium sehr empfohlen. Hingegen ist Menschen mit schwacher Blase und schwacher Blutzirkulation (kalte Hände und Füße) von dunkelblauen Leintüchern, Socken, Strumpfhosen und Hosen abzuraten.

Aus psychologischer und therapeutischer Sicht bedienen wir uns der Farbe Orange als Komplement. Ab und zu kann eine blockierte, oder zuwenig vorhandene, Farbenergie über das Komplement des Farbkreises (siehe Abb. Seite 28) in Fluß gebracht werden.

Saturn ist der zu Indigo gehörende Planet. Sein Tag ist der **Samstag.**

In der **Musiktherapie** sprechen wir über den Ton A die Indigo-Thematik an.

Numerologisch entspricht die Zahl 6 demselben Thema.

Steine mit unterstützender Indigo(Blau)-Energie: Saphir, Indigolith, Sodalith, Lapislazuli, Blauer Fluorit, Spinell, Aquamarin, Opal, Labradorit, Mondstein, Blauer Topas und Chalcedon.

Die Farbe Violett

Violett ist die siebte und letzte Farbe im Regenbogenspektrum. Mit einer Wellenlänge von nur noch 397 Nanometern und einer Schwingungsfrequenz von 730–770 Schwingungen pro Sekunde arbeiten wir mit der stärksten, für uns noch sichtbaren Farbenergie. Kosmische Strahlen sind stärker und für unsere Augen nicht mehr wahrnehmbar. In der Laser-Akupunktur wird meist mit 780 Hertz gearbeitet.

Violett ist die Mischung, die Verbindung, die Vereinigung von Rot und Blau. Auf den Menschen bezogen, werden die gegensätzlichsten, die unterschiedlichsten Elemente und Gefühlsmöglichkeiten miteinander verbunden. Der Rotpol mit seinem ausschließlichen Körperbezug, der Lebenskraft, dem Bewegungstrieb, dem Tatendrang, dem Mut, der Risikofreude, dem Urvertrauen einschließlich dem Feuer der Leidenschaft, der Uremotion mit ihren archaischen Strukturen vereint sich mit der Seelenkraft, der inneren Sicherheit, der Ruhe und Gelassenheit, der Stille, dem Insichruhen, dem Sichführenlassen und der Intuition vom Blaupol. Die uns innewohnende Polarität wird aufgehoben. Subjekt und Objekt werden eins, reines Sein wird möglich.

Die ungeschiedene Einheit der Rot- und Blauattribute bewirkt einen androgynen Zustand. *Andros* heißt Mann; *Gyne* heißt Weib, sprich Frau. Ein androgyner Zustand bedeutet einsgewordene Zweigeschlechtlichkeit. In ein und demselben Menschen sind der männliche und der weibliche Aspekt vollkommen ausgeglichen, zu einem Ganzen geworden. Das beliebte Ursymbol Yin/Yang stellt diese anzustrebende Vereinigung beider Pole in uns selbst dar.

Durch die Wirkung von Violett wird es also möglich, daß aus einem halben Menschen wieder ein ganzer Mensch wird –

das Ende aller Sehnsüchte, denn wir sind seit der Geburt unterwegs, uns das Fehlende wieder anzueignen mit dem Ziel, wieder ganze, heile Menschen zu werden. Es gibt Überlieferungen, die besagen, daß der Mensch ursprünglich zweigeschlechtlich war, daß die Paradiesgeschichte uns diese Trennung in zwei unterschiedliche Wesen aufzeigen will, die einander ein Leben lang suchen. Dies würde auch bestätigen, daß für jeden einzelnen Menschen ein absolut idealer Partner existieren soll, doch über dieses Thema müßte ein eigenes Buch geschrieben werden.

Bevor wir dieses einzigartige Gefühl des Wieder-Heilseins erleben dürfen, deckt uns Violett sehr deutlich die Mängel auf. Unsere Gefühle, Wünsche und Sehnsüchte werden wach. Dies ist notwendig. Wir müssen deutlich spüren und erfahren, was genau uns noch fehlt, um uns diese Eigenschaften so zielstrebig wie möglich aneignen zu können. So ganz, heil, vollkommen wie möglich werden zu wollen, ist sehr erstrebenswert und hat mit krankhaftem Perfektionismus, der die eigenen Mängel vertuscht, verdeckt und kompensiert, nichts zu tun.

Durch die vorangegangene Auseinandersetzung mit Grün, Blau und Indigo haben wir die Einsicht und Kraft bekommen, uns samt Stärken und Schwächen annehmen, achten und lieben zu lernen. Wir können uns also beruhigt und in unserem Wesen gestärkt an die Auseinandersetzung mit Violett machen. Violett als spirituellste aller Regenbogenfarben deckt unmißverständlich auf, welche alten Muster wir nun endgültig fallenlassen sollten, um wieder aus der Dreiheit von Körper, Geist und Seele heraus leben zu können. Vielleicht nennt man Violett deshalb den Opferstrahl.

Es braucht vor allem in der heutigen Zeit viel Mut, Überwindung und Konsequenz vom einzelnen Menschen, um sich nicht von vergänglichen Äußerlichkeiten blenden zu lassen. Ebenso viel Kraft braucht es, sich nicht mehr von den alten, falschen, antrainierten Mustern bestimmen und beherrschen zu lassen.

Violett macht uns sehr empfänglich und empfindsam für die Schwingungen der Mitmenschen. Es ist durchaus möglich, daß wir vorübergehend nur wenige Menschen um uns herum ertragen, daß das Bedürfnis reift, uns etwas zurückzuziehen. Wir brauchen während der Auseinandersetzung mit der intensiven Wirkung von Violett viel Ruhe, viel Zeit und ausreichend Raum für uns selbst. Je nachdem, ob sich der einzelne Mensch bereits mit seiner Spiritualität auseinandergesetzt hat, dauert denn auch diese beschauliche Phase mehr oder weniger lang. Die bewußte und befreite Anwendung von Violett gleicht einer außergewöhnlichen Konzentrations- und Meditationsübung. Violett gilt als eigentliche Meditationsfarbe. In der katholischen Kirche wird der Farbe Violett die Eigenschaft der Buße, des Opfers zugesprochen. **Ohne Violett-Energie würde unsere Seele schlichtweg verkümmern.**

Um so erstaunlicher ist die Tatsache, wie wenig Violett in der Natur zu finden ist, und wenn, dann ausschließlich während Zeiten der Wandlung und des Übergangs, beispielsweise bei Herbstzeitlosen, Flieder und Veilchen. Violette Sonnenuntergänge sind nur im Spätherbst oder Winter zu genießen – dann, wenn auch die Natur zur Ruhe gekommen ist. Ebenso verlangt auch die Farbe selbst nach Ruhe.

Das spärliche Vorkommen von Violett in der Natur führte mich zu folgendem Schluß: Mache ich mich auf die Suche nach meiner Innerlichkeit, kann ich kaum mit der Unterstützung von außen, ob das nun in Form von Mitmenschen oder anderen unterstützenden Mitteln sei, rechnen. Die eigentliche Seelenarbeit, die Verwandlung selbst, findet unter Ausschluß der „Öffentlichkeit" statt.

Die Kraft, mich auf den Weg zu machen, steht mir durch die anderen sechs, reichlich vorkommenden Farbenergien und die damit verbundenen Eigenschaften zur Verfügung.

Auch in der Nahrung finden wir wenig violette Unterstützung: Holunder, Kirschen, Blaukraut/Rotkohl, violettroter Brokkoli, „blaue“ Trauben, reife Oliven, Stengel und Blätter der roten Rüben, Auberginen, Pflaumen, Brombeeren. Einige der genannten Gemüse und Früchte werden laut Roman Brantschens Messungen der Indigo-Energie zugeordnet, doch handelt es sich ohnehin bei beiden um Nahrung der Seele, der Intuition und der Spiritualität. Die Farbe Violett selbst wirkt appetitzügelnd.

Vielleicht ist Violett auch deshalb in der Natur so rar, weil wir uns vorab ganz tüchtig mit den irdischen Elementen und Eigenschaften auseinandersetzen müssen, bevor wir uns an das hochspirituelle Thema von Violett heranwagen. Denn Violett wird trotz seinem Rotanteil mangelnde Erdung nachgesagt. Das heißt, daß es möglich ist, mit Violett abzuheben, Lebens- und Körperflucht zu betreiben, falls die magnetischen, körperbezogenen Erdenergien mangelhaft vorhanden sind. Diese Aussage läßt sich in der Aura-Soma-Therapie mitverfolgen. Wann immer ein Mensch des Alltags mit seinen unzähligen Anforderungen überdrüssig ist, wählt er unbewußt Aura-Soma-Flaschen mit Violett.

Leonardo da Vincis Versuche, ein Flugzeug zu entwickeln, werden auf seine Violettvorliebe zurückgeführt. Er habe, so heißt es, damit der Erde den Rücken zuwenden beziehungsweise die irdischen Pflichten hinter sich lassen wollen. Viele geniale Künstler und Erfinder hatten zeitlebens Violett als Lieblingsfarbe. Sie bezogen ihre Informationen aus spirituellen Quellen.

Der außergewöhnlich starke, geistige und psychische Aspekt von Violett läßt sich auch auf körperlicher Ebene sehr gut nachvollziehen. Dazu kommen wir nochmals auf die Zahl Sieben zurück.

Wie bereits erwähnt, trägt jeder Mensch sieben mehr oder weniger ausgeprägte Grundattribute in sich. Die Farbe Violett vereint einerseits alle diese sieben Aspekte in sich, und andererseits nimmt Violett direkten Einfluß auf unser Gehirn. Das Gehirn wiederum beherbergt sieben verschiedene Hauptsteuerungsprogramme. Von dieser hierarchischen Spitze aus werden alle Botschaften, alle Kommandos mittels Nervenbahnen und Hormonen als „Briefträger" an den gesamten Organismus ausgesandt. Von hier aus werden alle untergeordneten Teilbereiche geleitet. Eine einzige Fehlinformation – und irgendwo im physischen, mentalen oder psychischen Bereich entsteht eine mehr oder weniger gravierende Dysfunktion. Natürlich kann die Funktionsweise dieser Computerzentrale im Gehirn nicht schubladenweise kategorisiert werden. Die einzelnen Funktionen fließen ineinander, ergeben zusammen ein harmonisches Ganzes.

Ich möchte auf die wichtigsten der einzelnen Aufgaben dieser obersten Bosse eingehen, mit denen sich Peter Mandel, der Gründer der Farbpunktur, eingehend befaßt hat.

Der Thalamus

Der Thalamus ist das Tor zum Körper-Bewußtsein. Er hat die Aufgabe einer Umschaltstation für optische und akustische Reize. Er bildet die größte Sammelstelle für sensible und sensorische Reize der Innen- und Außenwelt, die er zur Großhirnrinde weiterleitet. Er macht das wichtigste Koordinierungszentrum aus. Der Thalamus verknüpft Berührungs-, Schmerz-, und Temperatur- mit Geschmacks-, Eingeweide-, und Gleichgewichtsempfindungen. Also haben affektbetonte Reaktionen, wie Lust, Unlust usw., Sehfeldausfälle, Sensibilitätsstörungen wie Ameisenlaufen und chronische, undefinierbare Schmerzzustände etwas mit einer Funktionsstörung des Thalamus zu tun.

Der Hypothalamus

Er stellt die Verbindung vom Zentralnervensystem zum Hormonsystem her. Vom Hypothalamus her erfolgt unter anderem die Steuerung des Fett- und Wasserstoffwechsels, des Wach- und Schlafrhythmus, der Kreislauf- und Atemregulation sowie der Genitalfunktionen. Er nimmt Einfluß auf die Hormonproduktion der

Hypophyse. Der Hypothalamus ist die oberste endokrine und vegetative Instanz, der eigentliche Chef der Hormonproduktion.

Organisch nicht manifeste Beschwerden haben meistens mit einer Dysfunktion des Hypothalamus zu tun, beispielsweise nervöse Schlafstörungen, nervöse Herz-, Kreislauf- und Atemstörungen und endokrine Regulationsstörungen. Aber auch Allergien aller Art, primär chronische Polyarthritis und verschiedenste Pilzerkrankungen (Mykosen), wie Fadenpilze, Hefe- und Schimmelpilze, Candida-Pilze des Darmes, können auf eine Fehlfunktion des Hypothalamus verweisen.

Die Hypophyse

Von ihr, der Hirnanhangsdrüse haben wir schon eingangs gehört. Sie könnte auch Gefühlsdrüse genannt werden. Die Hypophyse gilt als Schaltstelle des endokrinen Systems. Ihre Funktionsweise ist direkt mit dem Hypothalamus verbunden.

Jeglicher Informationsaustausch zwischen innerorganischen und innersekretorischen Mechanismen wird über die Hypophyse abgewickelt. Beispielsweise bildet sie auf Kommando des Hypothalamus mehrere wichtige Hormone, unter anderem ein Wachstumshormon, ein follikelstimulierendes Hormon, ein Schilddrüsenhormon und ein Hormon, das wiederum aus 39 Aminosäuren besteht und hauptsächlich die Funktion der Nebennierenrinde beeinflußt.

Da die Hypophyse so eng mit dem Hypothalamus zusammenarbeitet, zeigen sich auch die Störungen bei einer Dysfunktion in ähnlichen Symptomen.

Die Epiphyse

Die Epiphyse wird auch Lichtdrüse genannt, deren Funktion bezüglich der Wahrnehmung von Licht und Farbe ich eingangs erwähnt habe. Andere Namen sind Zirbeldrüse und Keuschheitsdrüse. Die Epiphyse koordiniert alle hormonellen Vorgänge im Körper. Sie entspricht der inneren Zeituhr. Durch sie können wir uns auch wecken lassen. Die Epiphyse bestimmt über den Zeitpunkt der Pubertät, den Menstruationszyklus, die Muttermilchbildung und den Alterungsprozeß. Ebenso ist sie für die Bildung des Hormons Melatonin in der Leber zuständig. Melatonin gelangte in die Schlagzeilen als kiloweise aus den USA importiertes „Managerhormon“, das Streß reduzieren soll. Zuviel Melatonin macht müde, schläfrig und schwermütig. Zu wenig Melatonin bewirkt Aufgedrehtheit und Schlaflosigkeit.

Das limbische System

Das limbische System entwickelte sich evolutionsgeschichtlich aus dem Reptiliengehirn. Es entspricht dem Mittelhirn, das zwischen Stammhirn und Hirnrinde (Kortex) liegt. Das limbische System gilt als Vermittler zwischen Seele und Körper. Es hat mit allen emotional bedingten Krankheiten zu tun, die sich aus der Diskrepanz zwischen dem ursprünglichen Menschsein mit seinen archaischen Strukturen und den heutigen Gesellschaftsstrukturen ergeben. Beispielsweise ist bekannt, daß sich eine antibakterielle Prostatahypertrophie aus einem ursprünglichen männlichen Revierverteidigungskonflikt entwickeln kann. Auch emotional bedingte Sehprobleme und Jähzorn können ihren Ursprung im limbischen System haben.

Wir sollten uns wieder einmal bewußt werden, daß Mann und Frau unterschiedliche archaische Strukturen in sich tragen. Während der Mann den Eroberungs- und Beschützertrieb und seine Verantwortung zur Arterhaltung in sich trägt, ist der Frau unter anderem der Nesttrieb eigen. Fühlt sich die Frau in ihrer ursprünglichen Wesensart wertgeschätzt, geachtet und geliebt, braucht sie nicht mit dem Mann zu konkurrieren.

Meine sehr persönliche Aussage ist keineswegs diskriminierend gemeint. Sie soll sogar allen Menschen, ob weiblichen oder männlichen Geschlechts, Mut machen, sich gegen geschlechtsspezifische Unterdrückung zu wehren. Wir sollten uns nicht scheuen zuzugeben, daß wir wechselseitig aufeinander angewiesen sind, daß wir den speziellen, geschlechtsspezifischen Kompetenzbereich (Revier) des andern Geschlechts wertschätzen und achten.

Die Medulla oblongata

Die Medulla oblongata entspricht dem verlängerten Rückenmark. Hier findet sich das Atem-, Schluck- und Brechzentrum, das in direkter Verbindung zum Solar plexus und zum Magen steht. Es entspricht der neuronalen Umschaltstation. Die Medulla oblongata ist mit dem Rückenmark sowie mit der Groß- und Kleinhirnrinde verbunden. Sie vermittelt von oben kommende (efferente) und von unten kommende (afferente) Informationen der sensiblen und motorischen Nervenbahnen. Parkinson, Multiple Sklerose und andere Systemerkrankungen weisen auf eine gravierende Dysfunktion der Medulla oblongata hin.

Corpus callosum

Der sogenannte Balken ist der Informationsvermittler zwischen beiden Hirnhälften. Hier liegt die Ursache für Lateralitätsstörungen grob- und feinmotorischer Art, angefangen von Koordinationsstörungen, unterschiedlicher Rechts/Links-Körperwahrnehmung bis zur Lese- und Rechenschwäche usw. Therapieresistenz und undefinierbare Schmerzzustände haben ebenso mit der Funktionsweise des Corpus callosum zu tun.

Zusammenfassend läßt sich sagen, daß . . .

die Farbe Violett die hierarchische Spitze in unserem Gehirn stärkt. Mit dieser Farbenergie haben wir die einzigartige Möglichkeit, Einfluß auf die Ursache jeglicher möglichen Störung, auf sämtliche Funktionsweisen des menschlichen Organismus zu nehmen. Wir nehmen Einfluß auf den Hormonhaushalt, auf den Wasserhaushalt, auf den Stoffwechsel, auf das Lymphsystem, auf das gesamte Nervensystem, auf die Molekularstruktur des Körpers, inklusive Kalzium-, Kalium- und Phosphorhaushalt (Knochenstoffwechsel, Zellzerfall, Mißmut, Hautbeschaffenheit usw.). Mit der Unterstützung dieser außergewöhnlichen Farbenergie kann sowohl das körperliche und hormonelle als auch das seelische, geistige und emotionale Gleichgewicht wiederhergestellt werden.

Nun könnte verständlicherweise die Frage auftauchen, wozu wir uns überhaupt mit den anderen sechs Farbenergien auseinandergesetzt haben, wenn es doch möglich ist, mit Violett die Ursachen allen Übels beim Schopf zu packen. Die Wirkung von Violett kann erst dann zum vollsten Nutzen eingesetzt werden, wenn zuerst systematisch die Grundkräfte, die das gesamte Menschsein ausmachen, aufgebaut und gestärkt wurden. Violett muß seiner Stärke wegen unbedingt frei durch die Energiebahnen des Körpers fließen können. Sind irgendwelche Blockaden, egal welcher Art, vorhanden, wirkt sich Violett physisch und psychisch eher zerstörerisch aus.

Erstaunlicherweise wird Violett in etlichen Farbtherapiebüchern als *die* Depressionsfarbe empfohlen. Davon möchte ich dringend abraten! Den Grund dafür möchte ich am Fallbeispiel der Entstehung einer schweren Depression erläutern. Wir wissen nun, daß die mögliche Entstehung einer Depression mit der Bildung des Hormons Melatonin in Zusammenhang steht. Kluge Köpfchen, die wir sind, wissen wir auch, daß Violett sämtliche vom Gehirn gesteuerte Organfunktionen nährt, stärkt und in Balance bringt und daß der gesamte Hormonhaushalt vom Gehirn aus kommandiert wird.

Wir würden nun den schwermütigen Menschen in bester Absicht der starken Wirkung von Violett in sämtlichen Variationen aussetzen: angefangen von violetter Kleidung, violetten Blumen, violetter Nahrung, violett solarisiertem Wasser über eine violette Prismabrille bis hin zum stärksten erlernbaren Selbsttherapeutikum, der betroffenen Person Violettmeditationen zu empfehlen. Statt unsere Absicht zu erreichen, diesem Menschen zu helfen, würden wir ihn mit dieser, nicht frei fließen könnender, qualitativen und quantitativen Energieüberdosis an den Rand, wenn nicht gar in den Wahnsinn treiben. Der Mensch ist ja nicht urplötzlich schwermütig geworden, sondern zuerst ging das Urvertrauen, meist bereits in der Kindheit, verloren (Rot). Die Lebensfreude verminderte sich, die angeborene Kreativität fand ihren Ausdruck nicht mehr (Orange). Der Mensch fühlte sich innerlich immer unfreier, vertraute seinen geistigen Qualitäten nicht mehr, führte ein mehr oder weniger fremdbestimmtes Leben (Gelb). Er verlor sein inneres Gleichgewicht, seinen Seelenfrieden, die Selbstachtung und Selbstakzeptanz (Grün). Tiefe Ängste und Unsicherheiten machten sich breit. Die innere Wahrheit wurde unzugänglich. Der Umgang mit den Mitmenschen nahm ab. Die Unzufriedenheit nahm zu (Blau). Der betroffene Mensch stellte immer noch perfektionistischere Ansprüche an sich selbst und die Mitwelt. Psychische, neurotische Störungen inklusive Phobien hatten ihren Nährboden gefunden (Indigo). Der depressive Mensch mag niemanden mehr sehen, riegelt sich hermetisch vom Leben ab, beraubt sich des Tageslichtes. Damit hat sich der Kreis des Depressionsprozesses geschlossen.

Um überhaupt wieder aus diesem Kreislauf herauskommen zu können, muß schrittweise, mit viel Geduld, ein erneuter Zugang zu den Grundkräften erarbeitet werden. Vielfach reagieren stark schwermütige Menschen in der Farbtherapie zuerst sehr gut auf Türkisblau, Blau und Grün, um sich später notwendigerweise dem

Gelb und Orange zuzuwenden und schließlich zu Rot, dem verlorengegangenen Urvertrauen, zurückzufinden. Im Anschluß an diesen intensiven Prozeß darf selbstverständlich mit Violett gearbeitet werden. Violett steigert dann auch die Belastbarkeit von kopflastigen, empfindsamen und sensiblen Menschen.

In der Anwendung selbst, sei dies als **Flächenfarbe** oder vor allem in der **Farbmeditation,** muß Violett wegen seines großen Machtanspruches immer und immer wieder mit der Einsicht und Erkenntnis von Gelb kombiniert werden. Violett in Kombination mit Gelb entspricht auch der eigentlichen Konzentrationstherapie. Eine bereits erwähnte, sehr interessante, außergewöhnlich kreative Kombination ist die Verbindung von Violett mit Orange. **Violett trägt außer Macht auch die Attribute der Würde und Achtung in sich.** Deshalb fände ich eine violette Gestaltung der Haupteingänge von Altersheimen, Psychiatrieanstalten und Gefängnissen sehr empfehlenswert. Dieser visuelle Impuls würde bereits ausreichen, damit die Besucher den Bewohnern mit vermehrter Achtung und Respekt begegnen würden. Violett reinigt und verwandelt, transformiert alles, womit es in Berührung kommt. Das Leben der Mutter Teresa ist meines Erachtens ein gutes Beispiel, um die reinigende, stärkende und verwandelnde Wirkung der violetten Farbe nachvollziehen zu können. Mutter Teresa hatte laut hellsichtigen Menschen eine beinahe ausschließlich violette Aura. Dies ist um so erstaunlicher, als sie unter numerologischen Gesichtspunkten nicht mit einem vorrangigen Violett-Energieanteil zur Welt kam.

Aus der Welt der Hellsichtigen ist bekannt, daß die Aura* der meisten Menschen, die sich einem höheren Ideal widmen und

* Die Aura ist das, den Menschen umgebende, elektromagnetische Feld, das gemäß seiner Schwingungsfrequenz von hellsichtigen Menschen in verschiedenen Farben wahrgenommen wird.

dafür „aufopfern“, im Verlaufe der Zeit viel Violett vorweist, das sie vielfach unwahrscheinliche Strapazen und Widrigkeiten überleben läßt. Im Normalfall würde ein Mensch, der täglich mit so vielen aggressiven Krankheitserregern in Berührung kommt wie Mutter Teresa, selbst schwer erkranken. Auch müßte ein so hochsensibler Mensch, wie sie das war, innere und äußere Härte entwickeln, abgestumpft werden, um nicht zugrunde zu gehen an den schrecklichen und widrigen Umständen, mit denen sie über Jahrzehnte tagtäglich konfrontiert wurde. Das viele Violett, das sie um sich hatte, eliminierte auch die schlimmsten Krankheitserreger. Sie erfreute sich einer äußerst robusten Gesundheit. Mutter Teresa blieb bis ins hohe Alter einfühlsam, sensibel, verständnisvoll und mittragend. Es gelang ihr immer wieder, schrecklichste Situationen in erfreuliche, erfüllende Aufgaben zu verwandeln, zu transformieren.

Menschen mit einem vorrangigen angeborenen Violettanteil erkennt man ganz allgemein an ihrer natürlichen Autorität, an ihrer ausgeprägten Eigenmacht, an ihrem Charisma. Bereits als Kleinkinder bringen sie die Bezugspersonen dazu, ihre Eigenart, ihre Sphäre, ihre eigene Welt zu achten und zu respektieren. Dies ist anders als die schnelle, kämpferische, regierende Art eines rotbetonten Kindes, das fordernd seinen Willen durchsetzt. Das violettbetonte Kind wirkt in seiner Eigenart und Gemächlichkeit so überzeugend, daß der erwachsene Mensch gar nicht anders kann, als sich dem Kind anzupassen. Der violettbetonte erwachsene Mensch sollte sich seines angeborenen Machteinflusses bewußt werden und sich davor hüten, andere Menschen nach den eigenen Vorstellungen zurechtbiegen zu wollen, sie unterwürfig zu machen, seine Macht zu mißbrauchen. Die Freiheit des einzelnen Menschen hört genau dort auf, wo die Freiheit des Mitmenschen beginnt.

Violettbetonte Menschen brauchen viel Platz, viel Raum für sich selbst. Vielfach nehmen sie auch rein physisch viel Raum ein. Sie geben sich gerne sinnlichen Genüssen hin. Die meisten von ihnen sind sehr gemütliche Menschen. Sie lieben beides, Geselligkeit und Ruhe. Viele von ihnen haben tiefe emotionale Probleme. Beispielsweise sehnen sie sich nach Hautkontakt, nach echter Nähe, obwohl sie selbst eher berührungsscheu sind. Manchmal weisen sie die ihnen liebsten Menschen beinahe grob von sich. Meistens verfügen sie über ein hochsensibles Innenleben, das von einer eher rauhen Schale überdeckt wird. Von ihren Lieben erwarten sie aber, daß diese ihr zartes Innenleben blindlings erkennen und sie dementsprechend sanft und rücksichtsvoll behandeln. Das kann für die Familie und den Freundeskreis zu einer harten Herausforderung werden. Sie verfügen über ein außergewöhnliches Durchhaltevermögen. Es ist eine innere Ausdauer, eine Zähigkeit, eine Siegesgewißheit ohne äußeren Kampf, ohne die Ellenbogen einzusetzen.

Mit ihrer Ausdauer und ihrem Durchhaltevermögen würden sie sich auch für ein siegreiches Sportleben eignen. In der Sportwelt sind aber wenige von ihnen anzutreffen, denn die meisten violettbetonten Menschen sind eher bewegungsscheu. Sie träumen viel lieber von einem lustbetonten, lusterfüllten und problemlosen Leben. Bringt ihnen das Leben wider Erwarten Schwierigkeiten als Lernprozesse, empfinden sie dies als äußerst hart. Sie wehren sich, versuchen alles in ihrer Macht Stehende, und das ist viel, um die Situation abzuwenden. Gelingt ihnen das trotzdem nicht, neigen sie dazu, sich eine Schein- und Phantasiewelt aufzubauen. Sie flüchten sich in diese und verlieren jeglichen Realitätsbezug. Das realitätsfremde Wunschdenken wird mit allen Mitteln, auch mit Süchten gefördert, nur um die Vorstellung, die Illusion der eigenen Scheinwelt aufrechterhalten zu können. Befindet sich ein Mensch bereits in so einer Situation, ist er sogar sehr anfällig für eine Sektenmitgliedschaft. Die Angehörigen und Freunde müssen meist machtlos zusehen, denn selten kommt ein Helfer an die Macht der Überzeugung des violettbetonten Menschen heran. Von außen gesehen gleicht ihr Leben einem ständigen Wechselbad zwischen himmelhoch jauchzend und zu Tode betrübt.

Es sind denn auch vielfach diese starken Stimmungsschwankungen, die ihren Organismus sehr belasten und langfristig zu Störungen führen, die in direktem Zusammenhang mit der Violett-Energie stehen, beispielsweise: hormonelle Störungen in Form von Drüsenkrankheiten, wie Leber und Bauchspeicheldrüsenprobleme, z. B. Diabetes und Stoffwechselkrankheiten. Aber auch Schädel- und Gehirnerkrankungen sind möglich, wenn das Mißverhältnis über lange Zeit andauert. Für violettbetonte Menschen ist es außergewöhnlich wichtig, daß sie bewußt den positiven Aspekt dieser mächtigen Farbe nutzen, ihre Energie in freien Fluß bringen und ihren ausgeprägten Machteinfluß ganzheitlich, zum Wohle aller Menschen einsetzen.

Von den Hauptplaneten her gehört der **Mond** zu Violett. Sein Tag ist der **Montag.**

In der **Klangtherapie** schwingt der Ton H mit der violetten Energie.

Numerologisch gehört die Zahl 7 zu Violett.

Edelsteine mit unterstützender Violett-Energie: Chaorit, Sogdianit, Thulit, Opal, Transanit, Fluorit. (Der Bergkristall und der Diamant gehören ebenfalls auf das Scheitelchakra, ebenso die schwarzen Steine wie Onyx, Obsidian, schwarzer Turmalin und das braune Falkenauge.)

Kleine Exkursion zu Weiß und Schwarz, Braun, Grau und Olive

Weiß – Licht ist Leben

Ohne Licht ist Leben auf unserem Planeten unmöglich. Alles, was je sichtbar wurde und wuchs, trat aus der Dunkelheit ans Licht. Licht erweckt alles zum Leben. Reines Licht, das wir von der Natur erhalten, trägt alle Spektralfarben ideal in sich vereint.

Die intensive Beschäftigung mit Weiß als Licht- und Flächenfarbe würde das Durcharbeiten vieler Bücher erfordern. Weiß ist die Farbe der Bejahung . Wie wir Weiß interpretieren, hängt aber eigentlich davon ab, welches Verhältnis wir zum Leben haben. Denn das Ur-Ja oder das Ur-Nein entsteht keineswegs in den jüngeren Teilen des Gehirns, sondern im limbischen System, dem urtümlichen Reptiliengehirn.

Was zwischen Urgrund und Erleuchtung liegt, ist im Charakter des Lichts selbst enthalten. Es ist die Realität des Seins. Und die ist bunt. Die aufregende Buntheit des Lebens zieht uns viel mehr in ihren Bann als die Gesamtheit alles Bestehenden, wie es sich aus dem Weiß ergibt. Goethe bezeichnete Weiß als seine Superfarbe. Betrachtet man Weiß als Lichtfarbe, hat dies seine Richtigkeit. Das weiße Licht reinigt den Körper, die Seele und den Geist von schädlichen Einflüssen, die durch Hochmut, Arroganz und Stolz verursacht werden. Wir dürfen jederzeit jemandem weißes Licht senden, ihn, in Form eines Schutzmantels, mit

Weiß einhüllen. Dasselbe können wir auch mit uns selbst, beispielsweise beim Verlassen des Hauses tun.

Begibt man sich auf eine Reise, empfiehlt es sich, weißes Licht als Boten vorauszusenden. Schmerzende Stellen im Körper können mit weißem Licht gefüllt werden, falls wir nicht wissen, welche bunte Farbe gezielt zu verwenden ist. Persönlich habe ich jedoch bei jeder Form von Schmerzen mit Blau und Indigo die beste Wirkung erzielt. Meditationen auf weißes Licht werden von manchen Menschen den Farbmeditationen vorgezogen.

Meine persönliche Erfahrung zeigte mir, daß uns weißes Licht wohl Sicherheit und Stärke gibt, jedoch die übermäßige Identifikation mit Weiß die Individualität so sehr unterdrückt, daß sich eine gewisse Abgehobenheit auf Kosten der körperlichen Buntheit, der körperlichen Vielschichtigkeit entwickelt.

Weiß ist mehr als die Summe reinen Lichts, mehr als die unbefleckte Einheit und Unschuld, mehr „als reinen Tisch machen", wie der Volksmund es ausdrückt. Weiß ist der Anfang aller Möglichkeiten und zugleich die Flucht vor der daraus erwachsenden Kompetenz.

Flächenhaftes Weiß drückt Unschuld, Reinheit, Klarheit und Perfektion aus. Der Wunsch nach Weiß gilt als Ausdruck der inneren Klärung. Flächenhaftes Weiß fördert die Fähigkeit zur Problembewältigung und Konfliktlösung. Wir zeigen die weiße Fahne, wenn wir einen Streit beilegen wollen und den Kampf um die Vorherrschaft aufgeben.

Menschen, die viel oder ausschließlich weiße Kleider tragen, sehnen sich intensiv nach Reinheit, einem abgeklärten, in festen Gefügen verlaufenden Leben und nach Perfektion. Oft wirken diese Menschen auf andere unzugänglich und wirklichkeitsfremd. Das Weiße beinhaltet einen Teil der Weisheit – ihm fehlt jedoch die Erdung – diese Weis(s)heit wird auf Kosten des Körpers erlangt.

Der reine Geist bekämpft die mehr oder weniger bewußten und verdrängten Triebe. Dadurch wird Weiß zum Erlösungssymbol. Die eigene Individualität wird durch diese Reinheit und Heiligkeit erdrückt. Weiß entspricht dem körperlosen Geist. Es reflektiert alle Farben, zeigt uns aber ebensosehr alle Unvollkommenheiten. Weiß reflektiert die Wärme. In südlichen Ländern schätzt man diese Eigenschaft und tüncht die Häuser in Weiß. Weiß macht Räume heller und weiter. Mischen wir Farben mit Weiß, werden sie heller. Weiß paßt zu allen Farben. Zuviel ungebrochenes Weiß im Raumbereich vermittelt Kälte und Sterilität und kann zu Nervosität und Anspannung führen.

Schwarz – Ausdruck der Dunkelheit

Schwarz ist die „Farbe" des absoluten Anfangs und des absoluten Endes. Dazwischen liegt das Leben. „Es werde Licht" – und so kam das Licht und erleuchtete die Dunkelheit.

Am Anfang des Werdens, des Wachsens und des Lebens steht immer das Dunkle, so wie das Samenkorn in der dunklen Erde und ein werdender Mensch in der Dunkelheit des Mutterleibes liegen muß. Alles, was je gewachsen ist, kam aus der Dunkelheit. Schwarz ist das unmanifestierte Licht. Die Dunkelheit kann nicht mehr und nicht weniger als die Abwesenheit des Lichts bekunden. Das Potential dessen, was werden kann, ist schon vorhanden, doch es bedarf des Lichts, um wachsen zu können. Sobald wir uns dessen bewußt werden, können wir auch unsere eigenen dunklen Zeiten besser verstehen. Schwierige Zeiten sind Chancen, Wegweiser, die uns auffordern möchten, uns auf die Suche nach unserem im Dunklen liegenden, keimenden Potential zu machen. Leider muß der Leidensdruck meistens ziemlich heftig werden, bis wir nach unserem eigenen Licht zu suchen beginnen. Je nach dem Lebensweg, den ein Mensch zu begehen hat, äußern sich diese „Lektionen“ mehr oder weniger kraftvoll.

Laut Harald Braem („Die Macht der Farben“, siehe auch Literaturhinweise) kann das menschliche Auge „wirkliches“ Schwarz gar nicht wahrnehmen. Auch im schwärzesten Schwarz, in der dunkelsten Tiefe würden wir kein absolutes Schwarz sehen können. Unsere Augen scheinen dafür nicht eingerichtet zu sein. Beim Sehprozeß ist selbst unter lichtlosen Zuständen immer noch ungefähr 5 % Lichtreflexion vorhanden, die uns ein echtes Schwarz vorenthält. Der Farbforscher Heinrich Frieling spricht dabei vom Eigengrau des menschlichen Auges. „Die Summe allen Lichts ist Weiß, die Summe aller Pigmentfarben ist Schwarz“ – dies ist rein physikalisch unmöglich, weil kein Körper und keine molekulare Oberflächenstruktur das darauf fallende Licht restlos absorbieren kann. Doch nur dann könnten wir von reinem Schwarz sprechen. Um tatsächliches Schwarz zu erhalten, müßte man ein „Minus-Licht“ annehmen. Minus-Licht gehört zu den Erscheinungsformen, die in der Physik unter der Bezeichnung „Schwarze Löcher“ bekannt sind. Dabei handelt es sich um Zonen im Weltall, die mit großer Kraft Materie anziehen, ansaugen, schlucken, um sie in Antimaterie umzuwandeln.

Schwarz ist das Negieren von Licht, die Farbe der Verneinung. Schwarz als Pigment, „als Flächenfarbe“: Seine vielfache und unterschiedliche Deutung wird immer mit dem Geheimnisvollen, dem Unbenannten, dem Magischen und Mystischen in Verbindung gebracht. Tatsache ist, daß Schwarz sämtliche Spektralfarben in sich aufnimmt und uns keine einzige davon abgibt. Schwarz gibt auch keine Energie an uns ab, weil die Energie des Lichts unsere Haut durch das Schwarz hindurch nicht erreichen kann. Trägt jemand über lange Zeit ausschließlich schwarze Kleidung, beraubt er sich der Energie, die ihm das Licht zuführen möchte. Dieser Energiemangel führt dazu, daß der Mensch lust- und kraftlos wird. Kleinkinder verabscheuen Schwarz.

Schwarz als Trauerkleidung wurde von dem französischen König Ludwig XII. eingeführt. Während der Viktorianischen Zeit im 19. Jh. begannen viele Menschen zu glauben, daß nach dem Leben alles aus und vorbei sei. Diese traurige Vorstellung wurde unterstrichen, indem man sich fortan in Schwarz kleidete und von der Welt zurückzog. Vor dieser Zeiterscheinung war der Glaube an die Wiederauferstehung der Seele vorherrschend – und die Menschen trugen weiße Trauerkleidung.

Schwarz, kombiniert mit anderen Farben, verstärkt die visuelle Wirkung der jeweiligen Farbe. Schwarz mit Rosa intensiviert die sozialen Kräfte. Schwarz mit Rot wirkt physisch stärkend und trägt einen starken Machtanspruch in sich. Schwarz mit Gelb stärkt den Intellekt und demonstriert den intellektuellen Machtanspruch, verstärkt aber auch die Konzentration.

Schwarz-weiße Kleidung oder Wohnungseinrichtungen drükken die Entweder/Oder-Einstellung des betreffenden Menschen aus. Wirkliches Leben will aber sagen: „sowohl als auch". Man hält sich selten länger als unbedingt notwendig in Schwarz-weiß gehaltenen Räumlichkeiten auf.

Ordensbrüder und -schwestern, die schwarze Kleidung tragen, drücken damit bewußt oder unbewußt aus, daß sie die weltlichen Versuchungen von sich weisen. Eigentlich verneinen sie mit der schwarzen Kleidung das Leben.

Bezeichnet man Weiß als die Farbe des Geistes, so kann Schwarz die Farbe der Körperlichkeit genannt werden. Aber auch Mitglieder religiöser Orden werden nicht darum herum kommen, sich irgendwann einmal mit der Vielschichtigkeit und der Farbigkeit des menschlichen Lebens auseinanderzusetzen.

Schwarz-Liebhaber möchten alle Gefühle rational erklärt und naturwissenschaftlich bewiesen haben. Sie möchten von ihren

Mitmenschen nicht durchschaut werden. Sie wollen geheimnisvoll bleiben. Vielfach haben diese Menschen Mühe, ihre eigene Identität zu finden, weil sie sich von sich selbst distanzieren.

Die pubertäre Schwarzphase ist eine natürliche, logische Erscheinung. Sie ist Ausdruck des Versteckens vor sich selbst, des Suchens nach sich selbst, des Sichfindens und der natürlichen Ablösung von zu Hause. Wenn das Zimmer vorübergehend in Schwarz ausstaffiert wird, ist dies zu diesem Zeitpunkt ganz normal, auch wenn uns Erwachsenen dies nur allzu makaber anmutet. Dauert diese Phase jedoch Jahre, sollte man sich bemühen, den Grund für die fehlende Identität des jungen Menschen herauszufinden. Auch gilt es zu klären, ob Alkohol- oder Drogenmißbrauch auszuschließen sind. Solche jungen Menschen stelle man sich oft und intensiv in Licht gehüllt und von Farbe durchflutet vor. Damit helfen wir ihnen wesentlich mehr als durch oftmals destruktiv wirkende Auseinandersetzungen, die allzuoft nur Ausdruck der eigenen Ohnmacht sind. Die erwähnte Licht- und Farbvorstellung ist vor allem bei Menschen, die miteinander emotional verbunden sind, äußerst hilfreich.

Im Gebiet der Erotik nimmt Schwarz die einzige bejahende Sonderstellung ein. Schon im alten Ägypten galten schwarz umrandete Augen erotisierend, weil sie den Blick tiefer und geheimnisvoller wirken lassen. Schwarzer Kajal oder Wimperntusche sind bis heute aktuell geblieben. Schwarze Haare gelten als rassig, fast schwarze Augen als feurig und glutvoll, dunkle Haut wirkt auf alle hellhäutigen Menschen anregend. Schwarze Unterwäsche nennt man Reizwäsche. Vielleicht liegt es daran, daß die schwarze Wäsche einen scharfen Kontrast zur Hautfarbe erzeugt, so daß dieser Kontrast das Fleisch lustmachender erscheinen läßt.

Auch im Volksmund ist Schwarz die Farbe des Pessimismus: Schwarzärgern, Schwarzfahren, Schwarzsender, Schwarzempfänger, Schwarzmarkt, Schwarzhandel, Schwarzarbeit, schwarzes Schaf, schwarzer Tag usw.

Braun – Ausgeprägte Naturverbundenheit

Braun steht im Zusammenhang mit der Erde, dem Holz, den stabilen Elementen. Es ist eine Mischfarbe aus Rot und etwas Schwarz, je nach Tönung auch mit etwas Weiß oder Gelb.

Braun holt uns aus der Welt der Träume und der Phantasien voll und ganz in die bodenständige Realität zurück. Braun hilft uns, praktisches Denken zu erlernen und mit den irdischen Dingen maßvoll umzugehen. Braun ist unauffällig und trotzdem aus unserem Alltag nicht wegzudenken. Dunkelbraun bezieht sich auf altbewährte, verwurzelte Muster, auf Sicherheitsdenken, auf das Verharrenwollen in der Materie. Braun hat mit dem sinnlichen und leiblichen Genuß des einfachen Lebens zu tun.

Braun-Liebhaber sind meist scharfsinnige, verschwiegene und taktvolle Menschen. Die dunklen Schwingungen geben ihnen ein Gefühl der Sicherheit und der Erdverbundenheit. Sie stehen wörtlich mit beiden Füßen, verwurzelt mit der Erde, auf dem Boden und nehmen die Härten des Lebens duldsam hin. Ihre Ausdauer und ihr Aushalten sind bewunderungswürdig, zeitweise erschreckend und verbissen. Sie explodieren erst, wenn es ihnen an die Ehre geht. Geiz und Knauserigkeit sind mögliche negative Aspekte von Braun.

Menschen, die Braun grundsätzlich ablehnen, sind oft von einer unrealistischen Lebensangst geplagt. Ihnen fehlt der feste Boden unter den Füßen. Geistige Interessen dominieren so stark, daß keine angemessene Rücksicht auf das Befinden des eigenen

Körpers genommen wird. Die sinnlichen Genüsse werden unterdrückt oder durch übersteigerten Ehrgeiz verdrängt.

In Braun gehaltene Räumlichkeiten wirken düster und deprimierend. Als Ergänzungsfarben eignen sich Grün, Rot und Gelb.

Grau – Künstliche Neutralität, Vorsicht, künstliche Sicherheit, Unzugänglichkeit

Grau ist die „Farbe" der Selbstverleugnung: die Farbe des Nicht-zu-sich-stehen-Könnens, die Farbe für Menschen, die keine Farbe bekennen, eine graue Maus sein wollen. Grau ist eine Mischung aus Schwarz und Weiß. Grau symbolisiert auch die Dämmerung, den Übergang, das Undefinierbare – den Graumarkt, die Grauzone.

Die Hell-Dunkel unterscheidenden Sehzäpfchen sind beim Menschen nicht sonderlich gut ausgeprägt. Im Gegensatz zu manchen Tierarten kann der Mensch nur sehr wenige Grautöne differenzieren. Dafür sehen Menschen Farben zumeist besser als Tiere. Neugeborene können hingegen zuerst nur Hell- und Dunkelbereiche wahrnehmen, dann kommen die Graudifferenzierungen hinzu, und später können sie einzelne Farben erkennen.

Grau gilt einerseits als die Farbe der Gleichgültigkeit, aber auch als die Farbe der Angst. Alle bedrohlichen Gefühle werden in psychischen Farbskalen mit Grautönen belegt. Früher trugen Lehrer und andere Autoritätspersonen viel Grau, um ihre Autorität, den Respekt, die Distanziertheit zu demonstrieren, auch um Furcht einzuflößen.

Es ist bekannt, daß Kinder, die grau-uniformiert zur Schule gehen, viel unkooperativer sind als jene, die blaue Uniformen tragen. Diesen Gedankengang kann man natürlich auch auf Polizei- und Militäruniformen übertragen.

Wird Grau mit leuchtenden Farben kombiniert, können diese die Wirkung des Grau reinigen bis neutralisieren. Doch sollten wir uns gut überlegen, wann und wohin wir graue Kleidung tragen wollen. Dunkles, mattes Grau wirkt schmuddelig und depressiv. Ist der Himmel grau verhangen, dauert es nicht lange, bis sich dies auch auf das Gemüt niederschlägt. Helles Grau, mit einer leuchtenden Farbe kombiniert, kann erfrischend wirken. Viele Büros sind in lichtem Grau gehalten. Es wirkt neutral und tut niemandem weh. Grau sollte jedoch unbedingt mit leuchtenden Farben kombiniert werden, da ansonsten der Mensch unmotiviert und gelangweilt wird und jegliche Spontanität verliert.

Olive – Anpassung, Unterordnung und Einschränkung, weibliche Führungsqualität

Dies sind Attribute, die mit Olive in Verbindung gebracht werden können. In der Literatur ist wenig Ergiebiges über Olivegrün zu finden. Es besteht aus einer Mischung erdiger Farben. Olive ist eine Farbe, die demzufolge das seelische Wachstum eher hemmt. Anpassung und Unterordnung schränken das Leben der Olive-Liebhaber ein, weil sie sich ihrer selbst meist gar nicht bewußt werden.

Menschen, die an Olive gebunden sind, wollen es meist allen Leuten recht machen und ein gutes Bild nach außen abgeben. Sie vergessen dabei ihre eigenen Bedürfnisse nach Liebe, Zärtlichkeit und einer eigenen Sphäre. Viele Olive-Liebhaber horten gerne große Nahrungsmittelvorräte. Das Militär setzt Olive als Tarnfarbe ein.

Der Olivenbaum ist das Symbol für Ausdauer und Reichtum. Er braucht vier Generationen, bis erstmals Früchte geerntet werden können. Die Olive am Boden, die noch nicht genußfähig ist, durchläuft verschiedene Stationen bis zur Genußfähigkeit. Dieser Prozeß kann analog zur menschlichen Entwicklung betrachtet werden.

Farbnumerologie

Wir haben uns nun ausgiebig mit den sieben Regenbogenfarben und auch ein bißchen mit den sogenannten „Unfarben" beschäftigt. Immer wieder habe ich auf den, von Geburt an, vorrangigen Hauptfarbenanteil hingewiesen. Viele von Ihnen haben vermutlich rein von der Thematik her entdeckt, wo Ihre Stärken liegen. Jeder von Ihnen konnte bestimmt ebenso feststellen, daß er sich bei verschiedenen Farben erkannt hat. Das Rätsel des Hauptfarbenanteils und der zusätzlichen Attribute möchte ich nun lüften.

Mit der Quersumme unserer Geburtsdatums wird es möglich, unseren vorrangigen Farbenergieanteil auszurechnen.

Beispielsweise: 28. 12. 1954. Ich rechne 2+8+1+2+1+9+5+4= 32, weiter, um ein einstelliges Ergebnis zu erhalten: 3+2=5. Ich erhalte die Quersumme 5.

Die Zahl 5 entspricht der Farbe Blau. Dieser Mensch hat nun als Lebenshauptaufgabe die Pflicht, alle Attribute der Farbe Blau zu leben beziehungsweise in freien Fluß zu bringen.

Des weiteren können wir feststellen, welche Farbenergien ebenfalls vorhanden sind: Die 2, die 8, die 1, nochmals die 2, die 1, die 9, die 5 und die 4. Wobei der 1+9 weniger Beachtung zu schenken ist, da der Jahrhundertauftrag ein Kollektivauftrag aller Menschen zusammen ist.

Alle Zahlen beziehungsweise Farbenergien, die vorhanden sind, einmal Rot (1), zweimal Orange (2), einmal Grün (4), einmal Blau (5), einmal Silber (8) sowie Rot (1) und Gold (9) für das Jahrhundert entsprechen zusätzlichen Talenten und Neigungen und sollten im Verlaufe des Lebens ebenso zum Tragen kommen. Wir erkennen, daß die Zahlen 3 (Gelb), 6 (Indigo) und

7 (Violett) fehlen. Die Eigenschaften dieser Farbenergien sollten bestenfalls im Verlaufe des Lebens erarbeitet, angeeignet werden.

Der Anwendung der Farbnumerologie sind keine Grenzen gesetzt. Wir können sie mannigfaltig einsetzen. Beispielsweise benutze ich die Geburtsdaten bei Schwierigkeiten mit der Berufswahl und bei der Erziehung ebenso wie bei Problemen in der Partnerschaft und am Arbeitsplatz.

Ich möchte aber jeden Menschen, der sich mit Farbnumerologie befaßt, dringend bitten, diese Methode ausschließlich zum besseren Verständnis seiner selbst und der Mitmenschen zu gebrauchen. Es würde mich sehr traurig stimmen, wenn diese Methode, ohne vorausgehende Auseinandersetzung mit dem Regenbogenspektrum, dazu mißbraucht würde, Mitmenschen zu werten, bewerten und zu verurteilen.

Die Farben, Zahlen und ihre Schwingungen

1	**Rot**	Lebenskraft, Urvertrauen, Aktivität, Bewegungsdrang, Willenskraft, Tatendrang, Führungskraft, Kampf um der Freude willen, Auseinandersetzung mit der menschlichen Dualität und Polarität. Aber auch Hyperaktivität, Heftigkeit, Dominanz, ausgeprägte Eigenwilligkeit, Hartnäckigkeit.
2	**Orange**	Lebensfreude, Kreativität, lebenspraktische Erfindungen. Kontaktstärke, Geselligkeit, Anpassungsfähigkeit, Familiensinn, spielerische Bewegungsfreude, Regenerationskraft, Aber auch innere Zerrissenheit, Zurückhaltung, Abhängigkeit.
3	**Gelb**	Denkfreude, Ideenreichtum, Intellekt, Wissen, Philosoph, geistiger Abenteurer, Künstler, Erfinder; Abwechslung, Reiselust, Kommunikationsfreude, Austausch, Vereinsleben. Aber auch Nervosität, Ängste und Kopflastigkeit.
4	**Grün**	Innere und äußere Mitte, Frieden, Seelenfrieden, Harmonie, Geben und Nehmen im Gleichklang, Stabilität, Selbstdisziplin, praktischer Sinn, mathematische und naturwissenschaftliche Interessen, Reformfreude, naturbezogen, erdgebunden, Freude an Kindern, Tieren, Pflanzen, an der gesamten Schöpfung; Verstand, Verständnis. Aber auch zu starke Verstandesbetonung, Neid, Geiz, Lethargie.
5	**Blau**	Ruhe, Stille, Gefühls- und Seelentiefe, tiefe Wahrnehmungsfähigkeit für das physische Dasein. Sen-

sibilität, Hellfühlen, ausgeprägte Interessen an Kunst, Musik und am tieferem Sinn des Lebens, kreativer Selbstausdruck, Einstehen für die eigene innere Wahrheit.- Aber auch übertriebenes Harmoniebedürfnis, Zersplitterung, da zu viele Interessen gleichzeitig, ohne Zielverwirklichung, Schüchternheit, Vereinzelung.

6 **Indigo** Intuition, Inspiration, Erkenntnis tiefer philosophischer Wahrheiten, Vorausahnungen, Hellsehen, ausgeprägtes Verantwortungsgefühl, Gemeinschaftsgefühl, gütiges Wohlwollen, Lehren durch vorgelebtes Beispiel. – Aber auch Perfektionismus, Isolation, Schwermut.

7 **Violett** Spiritualität, Hingabe an hohe Ideale, Sensibilität und Sensitivität, Heiler, Ganzheitlichkeit, außergewöhnliche innere Stärke, Hautkontakt, Pflegeberufe. – Aber auch tiefe emotionale Konflikte, Realitätsverlust.

8 **Silber** Austausch von Geist und Materie, Gefühle leben lernen, alles fließen lassen, wie innen so außen, gleich der Unendlichkeit der Zahl 8, Geschäftstüchtigkeit. Verbindet Wissen mit Bewußtheit. – Aber auch Macht in jeder Form, ausgeprägtes Freund-Fein-Denken.

9 **Gold** Selbstloses, bedingungsloses Dienen und Helfen als Lebensaufgabe, geben, teilen, mitteilen, die Leiden anderer lindern, sich hingeben, reine Güte. Neuner haben sehr oft ein recht schweres Leben, das sie zum Erstaunen ihrer Mitmenschen meistern, ohne zu klagen (Heiligenschein).
Aber auch, sich mit allen Mitteln erfolglos gegen diese schwierige Lebensaufgabe wehren.

Auch jeder Buchstabe hat seine eigene farbenergetische Schwingung

Dies erklärt auch, weshalb wir Kose- oder Kurznamen nur von bestimmten Mitmenschen vertragen, von anderen überhaupt nicht. Wir können uns mit den, auf unsere Person projizierten Eigenschaften, auseinandersetzen.

Ebenso läßt sich feststellen, welchen farbenergetischen Themen wir durch eine Namensänderung ausweichen beziehungsweise dieselbe geschenkt bekommen.

Die Beachtung der Buchstaben ist insbesondere für „Achter" und „Neuner" von Wichtigkeit.

Rot	Orange	Gelb	Grün	Blau	Indigo	Violett
C	D	E	F	G	A	B
J	K	L	M	N	H	I
Q	R	S	T	U	O	P
X	Y	Z			V	W

Quersumme

1
Der rotbetonte Mensch

Hat der Mensch von Geburt an einen vorrangigen Rotanteil, sind Aktivität, Bewegung und Kampffreude sehr wichtige Elemente für ihn. Kann die Rot-Energie frei fließen, ist dieser Mensch mit einem unerschütterlichen Ur- und Selbstvertrauen ausgestattet. Er ist der geborene Handwerker, Athlet, gesund und kräftig, immer tätig, mit ausgeprägten Führungseigenschaften und einem ebenso ausgeprägten Eigenwillen.

Alles drängt diesen Menschen nach außen, nach vorne an die Spitze. Zielorientiert, mit Leidenschaft, Mut und Risikofreude, packt er sein Leben an, um daraus etwas zu machen. Ein eigenes Geschäft aufzubauen oder sich eine Chefposition zu erarbeiten entspricht seinen Talenten. Materie, materielle Güter zu haben, zu besitzen, ist wichtig für ihn.

Der rotbetonte Mensch hat ganz klare Vorstellungen, was er im Leben erreichen will. Erreicht er seine Ziele nicht auf Anhieb, oder kommen gesundheitliche Störungen und eventuelle Schicksalsschläge dazwischen, besteht die Möglichkeit, daß sich die Rot-Energie in ihrer negativen, zerstörerischen Form zeigt. Das heißt, daß dieser Mensch überheblich, dominant, zynisch, sarkastisch, störrisch, stur, rücksichtslos, heftig, unter Umständen sogar gewalttätig werden kann. Gekennzeichnet durch Hyperaktivität, versucht er in diesem Fall seinen Problemen zu entfliehen. In seine tiefen Bewußtseinsschichten einzutauchen entspricht weniger seinem Naturell.

Es ist von großer Wichtigkeit, dem ausgeprägten Bewegungs-, Taten- und Führungsdrang eines rotbetonten Kindes Rechnung zu tragen und es keinesfalls in die bei uns üblichen Schablonen pressen zu wollen. Auch das ausgeprägte Selbstvertrauen, die

Risikofreude, der Mut und der gesunde Machtanspruch dieses Kindes sollten unbedingt erhalten bleiben, beziehungsweise zum Tragen kommen können. Ansonsten beginnt die starke, turbulente Rot-Energie sich im Körper zu zerstreuen.

Das würde heißen, nach außen lehnt sich das Kind gemäß seinem angeborenen Kampfgeist gegen alle und alles auf. Es benimmt sich störrisch, herrschsüchtig und eigenmächtig. Innerlich entwickelt es tiefe Komplexe. Es beginnt sehr früh, an sich selbst und dem Leben zu zweifeln, wird tief mißtrauisch, in schweren Fällen kann es beziehungs- und berührungsscheu werden. Es beginnt die Lebensenergie auf selbstzerstörerische Weise gegen sich zu richten.

Auf körperlicher Ebene zeigt sich der disharmonische Rothaushalt in Störungen der Ausscheidungsorgane: Niere, Blase, Haut, Enddarm und Rektum. Die Funktion der Nebennieren ist ebenso auf frei fließende Rot-Energie angewiesen. Die Nebennieren produzieren u. a. Adrenalin und Noradrenalin. Zu den Aufgaben dieser beiden Hormone gehört es, über die Steuerung der Blutverteilung den Blutkreislauf und die Atmung dem momentanen Bedarf anzupassen. Die Nebennieren haben auch einen wichtigen Einfluß auf das Temperaturgleichgewicht des Menschen (wie bei Fieber usw.). Des weiteren sind sie bei Unterfunktion zuständig für Stammfettsucht mit „Vollmondgesicht“, ausgesprochen schneller Ermüdbarkeit, oder bei Überfunktion ergibt sich Hyperaktivität, Streß usw. Auch alles Feste wie Wirbelsäule, Knochen, Zähne und Nägel korrespondieren direkt mit der Rot-Energie, ebenso der gesamte Bluthaushalt und Zellaufbau.

Die Hauptaufgabe des rotbetonten Menschen besteht darin, seinen ausgeprägten Rot-Energieanteil unbedingt in freiem Fluß zu halten, beziehungsweise zu bringen.

Der rotbetonte Mensch wird nicht umhin kommen, sich mit den Themen Leidenschaft, Dualität, Polarität und Ambivalenz auseinanderzusetzen. Es entspricht seiner Lebensaufgabe, in sich selbst diese Mitte, die leidenschaftslose Mitte, ähnlich einer Trafostation zu erarbeiten. Zur Aufgabe dieses Menschen gehört es auch, sich während dieser Lebensspanne mit den Blauqualitäten auseinanderzusetzen. Das heißt, nach innen hören zu lernen, sich der Ruhe, der Stille, der Seelenqualitäten, des Unterbewußtseins bewußt zu werden. Irgendwann wird sogar der „Gegenpol" als spiritueller Wille zum Sein (Violett) ein Thema werden.

Quersumme 2 Der orangebetonte Mensch

Ist der Mensch von Geburt an mit einem vorrangigen Orange-Energieanteil ausgestattet, sind Kreativität, Lebensfreude, Lebenslust, spielerische Bewegungsfreude, Gefühlsstärke, Emotionalität, Kontaktstärke, Anpassungsfähigkeit, Familiensinn und Harmonie wichtige Lebensthemen.

Es sind sehr liebenswürdige, gesellige Menschen, die gerne mit anderen zusammenarbeiten. Sie selbst brauchen die Mitmenschen, deren Zuwendung, Unterstützung und Anerkennung für ihr Schaffen. Orangebetonte Menschen erschaffen, basteln, entwerfen und erfinden ein Leben lang irgend etwas. Es sind Erfindungen praktischer Art, die der Menschheit nützen oder das Leben angenehmer und heimeliger machen.

Es sind weniger die großen Intellektuellen als vielmehr die, durch lebenspraktische Schaffenskraft gescheiten Erfinder. Es drängt diese Menschen nach Ausdruck. Sie haben durch diese Begabung das tiefe Bedürfnis, unabhängig und unablässig ihre Umgebung zu verschönern, damit sich die Mitmenschen daran erfreuen können. Sie lieben ihr Zuhause, ihre Familie, brauchen diese als Basis, ansonsten fühlen sie sich verloren. (Kreativster Schöpfungsakt ist die Zeugung eigener Kinder).

Bevorzugte und geeignete Berufe für orangebetonte Menschen sind: Koch, Kindergärtner, Florist, Handarbeits-, Werk- Yoga-, Ballett-, Tanzlehrer oder Schauspieler.

Tragen orangebetonte Menschen dem kreativen Schöpfungstrieb nicht Rechnung, werden sie schnell frustriert. Sie leben in ständigem Wechselbad zwischen einer äußerst kreativen Phase, die sie Zeit, Raum und Mitwelt vergessen läßt, und einer völligen Erschöpfungsphase. Sie fühlen sich durch Planung und Termine stark eingeschränkt. Heftige Gefühlsschwankungen kommen hinzu.

Die Schwingung der Zwei bedeutet eben auch Ambivalenz, Zwiespältigkeit, innere Zerrissenheit; positiv und negativ, männlich und weiblich. Das heißt, diese Menschen suchen verstärkt nach Harmonie, vermeiden Konflikte, indem sie sich anpassen, vermitteln und zu gefallen versuchen. Es läßt sich beobachten, daß orangebetonte Menschen vielfach in ihrer Jugend ein Trauma einfangen, das sie im Verlaufe des Lebens zu bewältigen haben. Auch Abhängigkeit und Co-Abhängigkeit scheinen etwas mit der Orange-Energie zu tun zu haben.

Hauptaufgabe der Zweier ist, die schöpferische, verspielte Orange-Energie in freien Fluß zu bringen. Es gilt, die stark lösende, entkrampfende und befreiende Wirkung, samt der außergewöhnlich starken Regenerationskraft dieser Farbenergie, auf sämtlichen Ebenen mit einzubeziehen beziehungsweise einwirken zu lassen.

Zur Lebensaufgabe der Zweier gehört es ebenso, sich mit dem frei fließenden Indigo auseinanderzusetzen, um dessen Intuition in die angeborene Schöpferkraft einfließen zu lassen. Indigo verhilft den orangebetonten Menschen, etwas Rhythmus und Ordnung ins tägliche Leben zu bringen, ohne den zündenden Funken zu verlieren.

Auch wenn die Zwei im Geburtsdatum vorkommt, ohne die Quersumme zu bilden, gilt es Einblick in die Orange-Thematik zu nehmen (dies gilt übrigens für alle Zahlen).

Auf körperlicher Ebene erkennt man Disharmonien der Orange-Energie an Blockaden im Beckenbereich, Problemen mit den Keimdrüsen (Hoden, Ovarien), den Fortpflanzungsorganen (Kinderlosigkeit), mit der Milz oder Bauchspeicheldrüse. Alle Verdauungs- und Körpersäfte, wie Lymphe, Blut, Sperma, sind dringend auf frei fließende Orange-Energie angewiesen. Ist zu wenig Orange-Energie vorhanden, oder kann sie nicht frei fließen, fehlt es dem Menschen an Lebenslust, Lebensfreude und Ausgeglichenheit, was sich wiederum auf die Körperphysiologie niederschlägt. Orange steht in starkem Bezug zu Gesundheit, Vitalität, zum Entwickeln neuer eigener Gedanken und dem Aufarbeiten alter, falscher Muster und Konditionierungen sowie Hemmungen und Komplexen, aber auch zu einem freudvollen Maß an körperlicher Übung.

Quersumme 3 Der gelbbetonte Mensch

Ein Mensch mit vorrangigem Gelbanteil ist der geborene Denker, Ideen-Artist, geistiger Abenteurer und Philosoph. Geistige Höhenflüge, klare, analytische Gedanken und geistige Kreativität prägen diesen Menschen. Denken und Wissenwollen gehören zeitlebens zu seiner Hauptaufgabe. In Diskussionen argumentiert er treffend, stichhaltig, fundiert und überzeugend.

Gelbbetonte Menschen brauchen viel Abwechslung innerlicher und äußerlicher Art. Unabhängigheit, innere wie äußere Freiheit, sind für diese Menschen sehr wichtig. Man darf, soll und kann sie nie und nirgends anbinden. Meist sind diese Menschen auch außergewöhnlich reiselustig. Es sind Reisen weiterbildender Art. Sehr oft finden wir bei Auswanderern, Missionaren und Entwicklungshelfern die Vorherrschaft von Gelb.

Kann das Gelb frei fließen, sind diese Menschen äußerst kontakt- und mitteilungsfreudig, haben einen großen Freundeskreis und wenden viel Zeit für die ihnen wichtigen Beziehungen auf. Selbst sind sie jedoch ebenso darauf angewiesen, daß man sie liebt, braucht und sich auch für sie ausreichend Zeit nimmt.

Sie besitzen die Fähigkeit, die geistigen Qualitäten in ihren Mitmenschen zu aktivieren beziehungsweise zu intensiverem Leben zu erwecken. Gelbbetonte Menschen sind sich ganz sicher, daß das Leben viel interessanter, abwechslungsreicher, lust- und freudvoller angelegt ist, als die meisten von uns gemeinhin annehmen. Sie versuchen denn auch genau diese Botschaft zu vermitteln.

Kann ein gelbbetonter Mensch aus beruflichen oder familiären Gründen vorübergehend seiner Gelb-Konstitution nicht gerecht werden, ist es besonders wichtig, sich bewußt den nötigen Freiraum und genügend Abwechslung zu verschaffen, gegebenenfalls durch die Mitarbeit im Vereinsleben zur vorübergehenden Kompensation. Es ist für diese Menschen von großer Wichtigkeit, ihre Grundbedürfnisse ausreichend abzudecken beziehungsweise auszuleben, damit die Lebens- und Kommunikationsfreude erhalten bleibt, und die beflügelnde Gelb-Energie frei fließen kann, ansonsten besteht die Möglichkeit, daß sie sich im eigenen Kreis gefangen fühlen und in den negativen Aspekt von Gelb geraten, verbunden mit Hypernervosität, Ängstlichkeit, extremer Kopflastigkeit, Kleinlichkeit, Verbitterung, Pessimismus bis zur Schwermut, Minderwertigkeitsgefühlen, Neid, Eifersucht, Übertreibungen, Feigheit und Unaufrichtigkeit.

Auf körperlicher Ebene zeigt sich blockierte Gelb-Energie in Form von Zwerchfell- und Solarplexusverspannungen. Ist der

Solarplexus (Lebensnervenknoten mit Filteraufgabe) verspannt und durch die vielfältigen Sinnesreize überlastet, gerät das gesamte vegetative Nervensystem in Aufruhr. Nervosität, Zittern, Allergien, Schweißausbrüche, negative Gedanken und Emotionen sowie verschiedenste psychosomatische Beschwerden sind nur einige der möglichen Ausdrucksformen. Ebenso weisen Beschwerden des Magens, der Bauchhöhle, des gesamten Verdauungssystems, der Leber, der Gallenblase und der Bauchspeicheldrüse auf ein Mißverhältnis zur Gelb-Energie hin.

Ich empfehle gelbbetonten Menschen, sich auch mit der Blau-Thematik zu befassen, und zwar einfach deshalb, weil dann die geistigen Höhenflüge mit seelischer Tiefe, Ruhe und Gelassenheit angereichert werden. Oftmals haben gelbbetonte Menschen Mühe, ihre unzähligen Ideen, ihren geistigen Reichtum umzusetzen, ganz ins Leben einfließen zu lassen. Sie legen ihre Ideen dann als irrationale Hirngespinste ab. Es gilt, sich Mut zur realen Umsetzung anzueignen (Rot).

Quersumme 4 Der grünbetonte Mensch

Der grünbetonte Mensch vermittelt Stabilität, Ruhe und Harmonie in allen Lebenslagen. Er lebt aus seiner Mitte, aus seinem Zentrum heraus. Verstandesbetontes, realistisches und pragmatisches Denken prägen ihn. Naturwissenschaftliche und mathematische Interessen sind vorherrschend. Grünbetonte Menschen finden wir sehr oft bei Technikern, Architekten, Bauingenieuren, guten Chemie-, Physik-, Mathematik- und Biologielehrern, meist in Kombination mit der Zahl 1 im Geburtsdatum (Antrieb, Führung). Auch unter Landwirten, Gärtnern, Förstern, Tierärzten, Psychotherapeuten, Krankenschwestern, Ärzten, Chirurgen und Tierärzten finden wir viele Vierer. Es sind sehr gute Berater, da sie viel Verständnis für die Mitmenschen aufbringen, beträchtliche Lasten auf ihren Schultern zu tragen vermögen und den Bezug zur Realität in jeder Situation im Auge behalten.

Vierer leben eine intensive, liebevolle Beziehung zur gesamten Schöpfung, zu ihren Mitmenschen, besonders auch zu Kindern, Tieren und Pflanzen. Vielfach hegen sie ihr eigenes Gärtchen, um ihre „grünen Daumen“ zu beschäftigen. Immer aber benötigen grünbetonte Menschen einen Antrieb von außen, um aktiv zu werden. Dies verhält sich so, weil die Grün-Energie neutral ist, in sich selbst ruht, also keinen „eigenen Antrieb“ hat. Kommt eine Aufforderung, ein Hilferuf, werden diese Menschen alles geben. Besteht kein Antrieb von außen, schaffen sie es, untätig bis lethargisch vor sich hin zu ruhen. Menschen mit vorrangigem Grünanteil sind äußerst praktisch veranlagt. Meist sind sie auch mit außergewöhnlicher Disziplin ausgestattet. Sie können großzügig und knauserig zugleich sein. Das heißt, wenn ein grünbetonter Mensch Sinn und Zweck einer Sache einsieht, reut ihn weder Zeit noch Geld; sieht er ihn jedoch nicht ein, ist er nicht bereit, auch nur einen Finger zu rühren.

Grün steht in direkter Beziehung zu Sympathie, Einfühlungsgabe, Verständnis und Mitgefühl. Grünbetonte Menschen geben und schenken gerne. Sie sollten jedoch darauf achten, daß sie dabei auch ihren eigenen Bedürfnissen Rechnung tragen. Grün wird mit Fülle und Überfluß assoziiert und steht in Beziehung zu Geld. Geld ist eigentlich eine absolut neutrale Austauschenergie. Geld stellt nicht mehr und nicht weniger als die Ausdrucksweise des erfüllten geistigen Gesetzes von Geben und Nehmen dar. Entscheidend ist, was wir mit und aus dieser Energie machen. Denn das, was wir liebevollen Herzens aussenden, kommt um ein x-faches vermehrt auf uns selbst zurück. Dies gilt für Gedanken ebenso wie für materielle Energie.

Das geistige Gesetz des ewigen Austausches gehört zu Grün und kommt hier am meisten zum Tragen. Kann der betonte Grünanteil frei fließen, haben wir einen gütigen, verständnisvollen, standfesten Menschen mit gutem Urteilsvermögen vor uns, der auf Wunsch gerne hilft und gibt, sich selbst, die Mitmenschen und die gesamte Umwelt achtet und respektiert.

Es gibt aber auch die Kehrseite. Bei Grün könnte dies ein knauseriger, neidgeplagter und zu Eifersucht neigender Mensch sein, der vorzugsweise Schwarz sieht; oder aber ein Mensch, der gibt und gibt, überbesorgt für alles und jeden da ist, ständig auf Anerkennung bedacht, im entscheidenden Augenblick jedoch unfähig, Liebe, Zärtlichkeit, sanfte Gefühle und Geschenke anzunehmen.

Auf körperlicher Ebene zeigt sich ein Mißverhältnis zur Grün-Energie in Form von Herz-, Magen- und Darmbeschwerden. Auch der Brustkorb, die Brusthöhle, der untere Lungenbereich und die Thymusdrüse (Türkis) sind auf frei fließende und ausreichende Grün-Energie angewiesen.

Quersumme 5 Der blaubetonte Mensch

Blaubetonte Menschen interessieren sich für sehr vieles und haben ein Leben lang die leidige Pflicht, sich täglich neu auf das Wesentliche zu besinnen, sich klare Ziele zu setzen, weil sie ansonsten, ihrer vielen Interessen wegen, ihre Energie zersplittern, sie ohne Zielrichtung verschwenden würden.

Die zweitwichtigste Lebensaufgabe besteht darin, einen Weg zum kommunikativen, kreativen und authentischen Selbstausdruck zu finden – sei es durch Schreiben, Malen, Singen und Musizieren, oder bestenfalls durch die Sprache selbst.

Fünfer müssen eine Möglichkeit der Mitteilung finden, um ihre tiefen spirituellen Erkenntnisse und Wahrheiten zu offenbaren. Es gehört zu ihrer Lebensaufgabe, ihrem innersten Wesen fernab anderer Vorgaben treu zu bleiben und sich selbst leben zu lernen. Meist fällt ihnen dies ungeheuer schwer, da sie oftmals außergewöhnlich schüchtern, harmoniebedürftig und konfliktscheu sind und gerne sehr zurückgezogen leben. Die Harmoniebedürftigkeit kann so weit gehen, daß diese Menschen über Jahre hinweg „um des lieben Friedens Willen" alles schlucken, auch wenn sie total unterdrückt und übergangen werden – bis sie irgendwann dermaßen explodieren, daß sich die Mitmenschen wundern und an Hysterie glauben. Kein anderer kann nachvollziehen, wie lange über diesen Menschen und seine Bedürfnisse hinweggelebt wurde.

Blaubetonte Menschen werden selten von sich aus auf neue Gesichter zugehen. Sie sind sehr zurückhaltend bis mißtrauisch, was das Eingehen neuer Kontakte angeht. Sie sehnen sich zwar tief nach Liebe und Verstandenwerden, leben jedoch in ständiger Angst, daß die ihnen äußerst wichtige Privatsphäre und Unabhängigkeit mißachtet würde. Beziehungen knüpfen sie meist über ihr Wissen und über ihre Tätigkeit.

Fünfer stellen an sich selbst viel zu hohe Ansprüche, denen sie vom menschlichen, also dem unvollkommenen Standpunkt aus, gar nie genügen können. Sie schämen sich für ihre Unvollkommenheit und haben sogar unter Freunden Mühe, ihre Schwächen einzugestehen. Um so leichter fällt es ihnen, die „Schwächen der gesamten Menschheit" zu entschuldigen.

Sie reagieren äußerst empfindlich, teilweise sogar heftig, wenn man sie mit Überraschungssituationen überrumpelt. Man muß den blaubetonten Menschen schlicht und einfach etwas Zeit geben, damit sie sich auf die neue Situation einstellen können, z. B. durch ein Anklopfen an der Bürotür oder eine frühzeitige Anmeldung, am besten schriftlich.

Es gibt kaum Fünfer, die Lust auf oberflächliche Gespräche haben. Durch ihre ausgeprägte Sensibilität ertragen sie nur wenige Menschen um sich. Sie nehmen die Schwingungen ihrer gesamten Umgebung auf und spüren sich dann sehr schnell selbst nicht mehr. Nach einem Zusammensein mit Menschen sind sie dringend auf ausreichend Zeit für sich, Ruhe und Stille angewiesen, damit sie ihre Sinneseindrücke ordnen können. Ansonsten werden sie extrem nervös. Sie ziehen es vor, alleine in Ruhe und Stille über die tiefen Wahrheiten und den Sinn des Lebens nachzudenken. Alles, was mit dem Sinn des Lebens zu tun hat, interessiert sie. Sehr oft wird das geliebte All-ein-sein dieser Menschen mißverstanden, und Attribute wie unnahbar, arrogant und ähnliches werden mit ihnen verknüpft. Einerseits sind sie so unglaublich an Menschen, am Leben überhaupt interessiert, andererseits kapseln sie sich ab. Es ist, als ob die Erkenntnisse von Seele und Geist durch den Körper gestört, blockiert und abgetrennt wären. Bleibt ein Mensch über längere Zeit in diesem Zustand, wird er äußerst unruhig, unzufrieden, rechthaberisch und schwermütig.

Will ein blaubetonter Mensch aus dieser selbst auferlegten Gefangenschaft herauskommen, gilt es, sich die aus Erfahrung gewachsene Erkenntnis und Kontaktfreude der Gelb-Energien, die Lebensfreude, Kontaktstärke und Menschenliebe von Orange sowie den Mut, das Ur- und Selbstvertrauen von Rot anzueignen (Seele, Geist und Körperlichkeit zusammenfließen zu lassen). Daraus erwächst der befreite Ausdruck des gesamten Wesens, das über Gemeinschafts-, Beziehungs- und Konfliktfähigkeit verfügt.

Auf körperlicher Ebene erkennt man die blockierte Blau-Energie an Störungen der Sprechapparatur (disharmonische Stimme, Stottern) sowie des Hals-, Nacken-, und Kieferbereichs, der Schilddrüse, der Luftröhre, der Bronchien, der oberen Lunge, der Schultern und Arme.

Quersumme
6
Der indigobetonte Mensch

Indigobetonte Menschen sind äußerst pflicht- und verantwortungsbewußt, mit sich selbst sehr streng und ausgestattet mit bemerkenswertem Durchhaltevermögen. Vielfach haben diese Menschen ein eher schwieriges Leben und müssen recht lange auf den Lohn ihres korrekten Verhaltens warten. Es sind angepaßte, ernste, einfühlsame Menschen, fürsorglich, verläßlich und treu. Sie halten ihre Versprechen, sind außergewöhnlich loyal, selbst nach tiefer Enttäuschung sind sie immer noch zur Vergebung bereit. Gemeinschafts- und Traditionsgefühl sind ihnen ebenso wichtig wie ihr Zuhause.

Oftmals leben diese Menschen, bedingt durch äußere Lebensumstände, alleine, obwohl sie ihrer ausgeprägten Einsamkeitsgefühle wegen sehr stark auf einen Partner angewiesen wären. Begegnen sie dem richtigen Menschen, ist es, als würden sie plötzlich zum wahren Leben erwachen. Es ist erstaunlich: Soviel Sicherheit diese Menschen ihrer Umgebung schon allein durch ihre Anwesenheit vermitteln, so schwer sind sie selbst andererseits vielfach mit tiefen Ängsten und Unsicherheiten belastet.

Es sind die Urängste der indigobetonten Menschen, die sie an sich selbst und der Mitwelt zweifeln lassen. Vielfach sind es Menschen, die in ihrer Kindheit „unberechenbaren“ oder extrem launischen Eltern ausgesetzt waren, so daß sie nie einschätzen konnten, was sie im nächsten Moment erwartete. Sie verlernten bereits als Kind, sich selbst und ihren starken Gefühlen und Impulsen zu vertrauen. Dieses tiefe Mißtrauen wird häufig durch extreme Aktivität und Engagement für andere Menschen kompensiert.

Dabei ist festzuhalten, daß indigobetonten Menschen von Natur aus ein außergewöhnliches Vorahnungsvermögen eigen ist.

Intuition als unmittelbare ganzheitliche Wahrnehmung gehört zu ihren Talenten, zu ihrem Wesen. Vielfach fehlt ihnen aber das ausreichende Selbstvertrauen, um diesem Gespür, diesem gesunden Ahnen, vollkommen zu vertrauen. Unverarbeitete Erfahrungen verunsichern und betonen die Kopflastigkeit dieser Menschen zusätzlich. Das Loslassen der tausend Gedanken, Gefühle und Ängste fällt noch schwerer.

Es gehört zur Hauptaufgabe der Sechser, ihre Gabe des Erkennens, der inneren Schau, des Spürens, Heilens und Helfens anzunehmen, diesen Fähigkeiten vertrauen zu lernen. Die Wahrheitssuche, der tiefe Zusammenhang hinter den äußeren Erscheinungsformen des Lebens muß erkannt und gelebt werden. Ansonsten verfallen Indigobetonte in den negativen Aspekt dieser starken Farb-Energie. Das heißt, sie werden extrem abgesonderte und schwermütige Einzelgänger, wenig kooperativ, pedantisch, überperfektionistisch, besserwissend, intellektuell überheblich bis neurotisch und verlieren die Gabe der ganzheitlichen Führung sowie eine Mensch und Welt umfassende Sichtweise.

Zur weiteren Lebensaufgabe der indigobetonten Menschen gehört die Aneignung eines frei fließenden Orange-Energieanteils. Über Orange erfahren sie innere Befreiung, Lebenslust, Lebensfreude, ihr „inneres Kind" und Kontaktstärke.

Auf befreiter Ebene finden wir unter den indigobetonten Menschen hervorragende Lehrer, durch das gelebte Beispiel ganzheitlicher Führung lehrend, verständnisvolle Sozialarbeiter, verantwortungsbewußte, korrekte, pünktliche Bürofachkräfte, Kunstschaffende und in Berufen Tätige, die durch Spüren, Helfen und Heilen viel zum Wohl der Gemeinschaft beitragen.

Auf körperlicher Ebene zeigt sich ein Mißverhältnis zur Indigo-Energie in Form von Störungen im Bereich von Augen, Nase, Ohren, Nebenhöhlen, des Gesichts, des Kleinhirns, des Zentralnervensystems und der Hypophyse. Die Hypophyse ist der sogenannte Dirigent aller Drüsen, besonders aller Hormondrüsen.

Quersumme

7
Der violettbetonte Mensch

Menschen mit vorrangigem Violettanteil sind trotz außergewöhnlicher innerer Stärke sehr sensibel. Da sie für ihre zarte Gefühlswelt selten einzustehen gelernt haben, oftmals sogar tiefe emotionale Probleme und Wunden mit sich tragen, sehen sie sich in einer Lage, die Mitmenschen auf Distanz halten zu müssen. Für die anderen ist dieses Verhalten vielfach schwierig zu verstehen. Einerseits sind es sehr anhängliche, zärtliche Menschen, mit starkem Bedürfnis nach Körperkontakt, andererseits wirken sie plötzlich sehr abwehrend, hart, kalt und autoritär, um sich Raum und Distanz zu verschaffen. Und trotz allem möchten sie, daß man sie sehr rücksichtsvoll, einfühlsam und sanft behandelt, entsprechend ihrem zarten Seelenleben.

Als Eltern von violettbetonten Kindern sollte man dieser Schwierigkeit sehr früh Rechnung zu tragen beginnen. Das heißt, man muß das Kind mit liebevoller Geduld auf seine reiche Innerlichkeit hinweisen, ihm Mut machen, diese zu leben, anstatt den Gefühlsreichtum mit einer harten Schale zuzudecken.

Etliche violettbetonte Menschen tragen tatsächlich auch körperliche Schutzpanzer um sich, um die starke Diskrepanz von Innen- und Außenleben zu kompensieren. Diese Menschen brauchen von Natur aus viel Raum (am besten ein eigenes Haus mit großen Zimmern). Sie brauchen sehr viel Zeit für sich selbst, sind auf ausreichend Ruhe und Muße angewiesen. Streß und nervöse Mitmenschen ertragen sie schlecht. Violettbetonte Menschen hängen gerne ihren Träumen von einem luxuriösen, angenehmen, gemütlichen, sinnlichen und möglichst problemlosen Leben nach.

Es ist wichtig, daß sie sich eine gute Erdung, eine Realitäts- und Körperbeziehung erarbeiten, weil sie ansonsten im Alltag abheben, mit unvorsichtiger Großzügigkeit leben und sich in ihren Träumen und Phantasien verlieren. Dies kann soweit gehen, daß sie sich bei aufkommenden Lebensschwierigkeiten in eine Märchen- und Phantasiewelt flüchten. Violettbetonte Menschen wissen dem Leben tatsächlich die angenehmen Seiten abzugewinnen, ihr Leben zu genießen. Ihr Bewegungsdrang ist selten ausgeprägt, jegliche Routine ist ihnen zuwider.

Man darf sagen, daß sie genaugenommen teilweise außerordentlich bequem sind und sich gerne alles zutragen lassen. Trotzdem bringen es die meisten von ihnen ohne Ellenbogeneinsatz im Leben zu erstaunlichen Ergebnissen. Dies liegt in der großen Kraft der Energieschwingung des Violett. Violett gibt die Schwingung des höheren Strebens ab. Verbindet man diese außergewöhnliche Kraft mit dem goldenen Strahl der Erkenntnis und Weisheit, erwachsen daraus Arbeiten für ein höheres, göttliches Ideal, entweder durch geniale Kunst- und Musikwerke, durch Erfindungen oder durch hingebungsvolle Pflegearbeit.

Der Geist violettbetonter Menschen ist sehr regsam. Sie haben viele Interessen, vorwiegend geistiger Art. Viele von ihnen sind medial veranlagt. Es ist wichtig, daß sie das Empfangene, das ihnen Zufließende ins Leben einfließen lassen, um den Alltag samt seinen Herausforderungen meistern zu können. Violettbetonte Menschen besitzen das Talent, mystische Erkenntnisse in eine, für alle Menschen faßbare Form zu bringen. Diese Fähigkeit sollten sie unbedingt nutzen.

Kann die Violett-Energie frei durch den gesamten Organismus fließen, erleben diese Menschen einen inneren Frieden, eine tiefe Freude und Erfüllung, die in dieser Art anderen Menschen fremd ist. Dies liegt im Charakter der Violettschwingung verborgen. Diese Schwingung ermöglicht es uns Menschen, daß wir uns wieder ganz und vollkommen fühlen können. Durch diese kraftvolle, göttliche Energie wird die Erfahrung reinen Seins auf Erden möglich.

Blockiertes Violett erkennen wir auf körperlicher Ebene in Form von Drüsen-, Stoffwechsel- und Gemütsstörungen sowie Schädel- und Großhirnerkrankungen. Auf mentaler Ebene zeigen sich Machtmißbrauch, Arroganz, Snobismus, Fanatismus, geistiger Hochmut und Lebensflucht.

Quersumme 8
Der Mensch im Silberstrahl

Silber ist nicht im Regenbogen enthalten. Um die Lebensaufgabe dieser Menschen erkennen zu können, gilt es einerseits, allen im Geburtsdatum vorkommenden Zahlen besondere Bedeutung zukommen zu lassen; andererseits empfiehlt es sich, zur detaillierten Abklärung auch den Namen und Vornamen mit einzubeziehen.

Auch müssen wir näher auf die Bedeutung der Zahl 8 eingehen. Die Zahl 8 besteht aus zwei Kreisen, wovon der eine Kreis über dem anderen Kreis steht. Die Symbolik des Kreises weist uns Menschen immer wieder auf die Unendlichkeit des Universums hin. Die beiden Kreise übereinander gestellt symbolisieren die ewig fließende Unendlichkeit der geistigen Gesetze und verweisen uns vor allem auf die Gültigkeit des Gesetzes „Wie oben so unten/Wie innen so außen" – zwei Prinzipien, die fließend zusammenwirken wollen und müssen. Das heißt, daß die Hauptaufgabe der silberbetonten Menschen darin besteht, alle Elemente, alle Eigenschaften in sich und um sich herum in ein Fließgleichgewicht zu bringen.

Die Schwingung der Acht korrespondiert direkt mit Macht, Erfolg und Geld. Es kann nun aber sein, daß ein silberbetonter Mensch Mühe hat, seinen gesunden, angeborenen Machtanspruch zu zeigen, zu leben, daß er Geld als schmutzig betrachtet, der materiellen Welt entsagt hat und in ärmlichen Verhältnissen lebt, sich ausschließlich seiner Gefühls- und Gedankenwelt widmet, die Macht der geistigen Gesetze in- und auswendig kennt, streng nach ihnen lebt und tägliche Meditation betreibt. Tief im Innersten spürt er dennoch, daß er irgendwann auch dem Energieaustausch des Geldes und der Materie einen gesunden Stellenwert zuordnen muß (denn auch dies ist ein geistiges Gesetz).

Silberbetonte Menschen haben zu ihren eigenen schwachen, verletzlichen und weichen Seiten meist wenig Zugang. Sensiblere Gefühle und Herz-Schwingungen können nur wenige von ihnen zulassen. Sie richten ihre gesamte Aufmerksamkeit nach außen, um Bedrohungen rechtzeitig abwehren zu können. Dabei nehmen Achter vor allem die Schwachstellen der Mitwelt wahr, denn sie folgen dem Motto „Angriff ist die beste Verteidigung". Sie sind von einem starken Denken in den Kategorien Freund/Feind und stark/schwach geprägt. Dem Freund, dem Schwachen, sind sie jederzeit zu helfen bereit, den Starken, den Feind, greifen sie an, bevor ihnen selbst Schaden zugefügt werden könnte. Solange sie die Außenwelt im Griff haben, funktioniert diese Abwehr perfekt. Schwieriger wird es für sie, wenn sich ein schwacher, hilfsbedürftiger Mensch plötzlich zum starken, unabhängigen Menschen entwickelt. Der Achter fühlt sich dadurch bedroht, verliert die, für ihn so wichtige, Kontrolle. Situationen dieser Art verunsichern ihn außergewöhnlich. Gleichwertigen Partnern begegnet er eher kämpferisch. Silberbetonte Menschen machen sich selbst groß und stark, um Macht und Kontrolle auszuüben und zu behalten. Achter stecken ihren Raum, ihr Revier mit sehr klaren Grenzen ab. Sie selbst dringen oft, ohne es zu bemerken und fern jeder Bösartigkeit, ins Territorium ihrer Mitmenschen ein. Sie haben Mühe, Gefühle und Grenzen anderer wahrzunehmen, sich in sie einzufühlen.

Ein unverarbeitetes Muster aus der Kindheit versteckt sich dahinter. Es sind vielfach Erwachsene, die ihres Kindseins vorzeitig beraubt wurden. Statt weiterhin verletzt und manipuliert zu werden, lernten diese Menschen sehr früh, Macht auszuüben und die Umwelt zu kontrollieren. Der Urschmerz liegt in der Erfahrung, daß Schwachsein, Kleinsein oder Kindsein untrennbar mit harter, ungerechter Behandlung verknüpft ist. Durch das ständige Starksein-Wollen beziehungsweise -Müssen möchten diese Menschen mit aller Kraft vermeiden, daß sich dieser frühe Schmerz wiederholt. Durch Bewußtwerdung dieses Musters sollten sie ihrer tiefen Sehnsucht nachgeben und diesem kleinen, zarten, verletzlichen Kind in sich Raum zugestehen, damit Heilung stattfinden kann. Daraus erwächst der befreite Umgang mit natürlichem Machtanspruch, und alles kommt ins Fließen, gemäß der Zahl 8.

Frei fließendes Silber zeigt Brüderlichkeit, Freude, Hoffnung, Frieden, Erfüllung, Liebe und materielle Fülle auf der Reise durch unser physisches Dasein.

Quersumme 9 Der Mensch im goldenen Strahl

Der goldene Strahl symbolisiert absichtsloses, selbstloses Helfen, Dienen, reine Güte. Dies ist die höchste Schwingung, die auf Erden gelebt werden kann.

Vielfach wehren wir uns dagegen – obwohl uns das innere Selbst dazu treibt – einfach deshalb, weil unser ureigenstes Seelenpotential im krassen Widerspruch zur heutigen egoistischen, machthungrigen, habgierigen, konsum- und profitsüchtigen Welt steht.

Je schneller wir uns auf dieses geistige Gesetz zurückbesinnen, unser kleines Ego in das große Ich einfließen lassen, um so großzügiger könnte sich uns das Leben zeigen, so daß uns auf unerwartete Weise Gesundheit, Frieden, Freude, Liebe und alle Wohltaten des Lebens in Fülle zufließen. Irgendwann werden wir alle zu dieser Erkenntnis kommen. Bis dahin sollten wir mindestens den goldbetonten Menschen zugestehen, daß ihr Tun erstrebens- und lohnenswert ist, auch wenn die Äußerlichkeiten anders aussehen.

Beobachten wir goldbetonte Menschen auf ihrem Lebensweg, erstaunt es immer wieder, wie und was sie alles ertragen, so ganz selbstverständlich hinnehmen, ohne sich aufzulehnen. Man kann sich fragen, woher sie nur die Kraft nehmen, ihr meist recht schwer erscheinendes Leben mit so meisterhafter Geduld und Güte zu ertragen.

Meist haben sie dazu noch ein offenes Herz und Ohr für die Sorgen der Mitmenschen. Sie erkennen das Unvermeidbare und fügen sich klaglos dem Unvermeidlichen. Je weniger Widerstand dem entgegengestellt wird, um so mehr Energie kann fließen.

Viele Heiliggesprochene unterstanden dem goldenen Strahl. Auch wenn sie zeitlebens mißverstanden wurden, gingen sie unbeirrt ihren schweren Weg, halfen und linderten die Schmerzen und Nöte der Mitmenschen. Sie lebten unerkannt und vollbrachten Großes als bescheidene, gutmütige, liebevolle Menschen. Es war ihnen ein Bedürfnis, ihr Wissen und ihre Erfahrungen zum Wohle anderer einzusetzen, zu geben und zu teilen.

Es gibt aber auch das blockierte Gold: Menschen, die sich zeitlebens gegen ihr Schicksal auflehnen, mit sich selbst und dem

Leben hadern, verbittert und vergrämt werden. Sie fühlen sich mißhandelt, ausgenutzt, vom Leben übergangen und betrogen. Leider haben sie ihre Chance noch nicht erkannt. Es liegt an jedem einzelnen von uns zu erkennen, ob und wieviel spirituelles Gold wir auf diesem Erdenleben aufnehmen können oder wollen, damit unser bloßes Dasein zum Segen für andere wird.

Neuner haben ein starkes Bedürfnis, offene Konflikte zu vermeiden. Sie möchten gerne mit allen Menschen friedlich und harmonisch umgehen. Das Schwierigste für goldbetonte Menschen ist, sich hinzustellen und entschieden zu formulieren: „Ich will!" Damit würden sie das Risiko eingehen, daß die Mitmenschen sich gegen sie stellen. Sie sind bemüht dafür, begangene Fehler wiedergutzumachen.

Sich selbst nehmen Neuner tendenziell nicht so wichtig. Ihre eigenen Bedürfnisse kommen ihnen unwichtiger vor als die der andern. Sie fühlen sich so stark in Standpunkte, Meinungen und Gefühle anderer ein, daß sie Probleme haben, die eigenen Grenzen ihrer Persönlichkeit zu wahren. Das kann so weit gehen, daß sie sich selbst aufgeben und in einer Symbiose mit anderen leben.

Für goldbetonte Menschen ist es anstrengend, Prioritäten zu setzen. Oft kommt ihnen alles irgendwie gleichermaßen wichtig vor. Daraus ergibt sich eine gewisse Entscheidungsverzögerung. Andere sind schneller. Neuner benehmen sich sehr oft passiv und langsam. In Gesprächen und Beziehungen möchten sie keinesfalls gedrängt werden. Versucht jemand, sie anzutreiben, reagieren sie mit passiv-trotzigem Widerstand, werden träge und stur. Läßt man Neuner in Ruhe, entwickeln sie aus eigener Kraft Initiative und kommen in Bewegung. Ihre Stärken sind Ausdauer und Durchhaltevermögen.

Zusammenfassung der Regenbogenfarben

Die Farbe Rot

Schwingungsfrequenz	390–450 Schwingungen/Sek. (Hertz)
Wellenlänge	660 Nanometer
Prinzip	Aktivität, Bewegung, Antriebs- und Urkraft des Lebens, die Farbe des Blutes, die Farbe des Lebens, spontane Manifestation im Leben, Triebenergie, Erdung, körperlicher Wille zum Sein
Wirkung	Rot wirkt immer anregend, erwärmend, belebend, antreibend und mutmachend. Rot ist die Farbe der reinen Dualität, der Polarität, der Ambivalenz. Rot trägt in sich keine Mitte, entspricht dem krassen Entweder-oder-Prinzip. Der Mensch muß beide Pole in sich akzeptieren, er sollte seine eigene Mitte erfahrbar machen. Fehlt diese Mitte im Menschen, wirkt Rot zerstörerisch, aggressiv und gewaltfördernd
Therapeutische Anwendung	**Kein Rot, sondern Rosa, Blau oder Grün** verwenden bei: Herzkrankheiten, Einnahme von Herzmedikamenten, bei bereits bestehenden emotionalen Störungen, bei Schilddrüsenüberfunktion mit Hypernervosität; kein Rot bei Epilepsie, bei Bluthochdruck. Rot bewirkt die Ausdehnung der Gefäße. Das Blut fließt leichter. Dadurch kann mehr Sauerstoff transportiert werden. Mit mehr Sauerstoff im Blut wird die Bildung der roten Blutkörperchen angeregt. Somit wird Rot mit Erfolg bei Blutarmut (Anämie), bei Schwäche- und Erschöpfungszustän-

	den, bei lähmender Müdigkeit, Niedergeschlagenheit und jeder Form von mangelnder Vitalität angewandt. Rot stärkt den gesamten Kreislauf. Puls und Blutdruck steigen an. Durch die gleichzeitige Erhöhung der Körpertemperatur wird Rot bei kalten Händen und Füßen eingesetzt. Rot macht gesprächig, es sind eher Gespräche oberflächlicher Art. Rot hilft bei verstopfter Nase, chronischen Nebenhöhlenbeschwerden. Alles Chronische kann mit Rot an die Oberfläche und somit zum Ausheilen gebracht werden, **sofern kein Fieber und eitriger Prozeß vorhanden ist!** Rot regt das sexuelle Interesse an, wirkt bei mangelnder Libido
Komplementärfarbe	In therapeutischer und psychologischer Hinsicht entspricht die Farbe Blau dem Komplement von Rot
Edelsteine	Unterstützung in der Edelsteintherapie durch: Rubin, Granat, Hämatit (reines Eisen = rötester Stein), roter Beryll, roter Jaspis, Rhodonit, Rubellit (rosa Turmalin), Thulit, Koralle, roter Saphir, roter Zirkon, Alexandrit (rotgrün)
Chakra	Rot wirkt auf das erste Chakra, das Wurzelchakra – und alle damit verbundenen Organe: Nebennieren, Muskeln, Ausscheidungsorgane (Niere, Blase, Enddarm, Haut) und Genitalien
Mantra	Lam
Numerologisch	gehört die Zahl 1 zu Rot
Astrologisch	sendet uns der Planet Mars Rotenergie. Tag des Marseinflusses ist der Dienstag
Musiktherapie	Der Ton C entspricht der Energieschwingung von Rot
Berufe	Bevorzugte und geeignete Berufe für Menschen mit ausgeprägtem Rotanteil sind: Handwerker, Sportler, Athleten, Anführer (Chefs); geborene Kämpfer und Sieger

Wirkung des freifließenden Rot

Urvertrauen ins Leben, Lebensbejahung, Lebenskraft, Mut, Risikofreude, Selbstvertrauen, Selbstsicherheit, Entschluß- und Tatkraft, Willensstärke, Ausdauer, Bewegungsfreude, Spontanität, Vitalität, Vergebungsbereitschaft, schöne Haut, gesunde Ausscheidungs- und Geschlechtsorgane, eine gesunde Wirbelsäule

Blockierter Rotanteil

zeigt sich durch: Dominanz, Sturheit, Hartnäkkigkeit (mit dem Kopf durch die Wand wollen), Heftigkeit, Jähzorn, Gewalttätigkeit, Wut, Rücksichtslosigkeit, Leidenschaftlichkeit, Habgier, Nervosität, Hyperaktivität

Mangelnder Rotanteil

zeigt sich durch: mangelndes Urvertrauen ins Leben, Lustlosigkeit, lähmende Müdigkeit, Depression, schwache Erdung usw. Es fehlt die Kraft, das Leben anzupacken, etwas aus sich machen zu wollen

Räumlichkeiten — Rot wird, falls überhaupt, nur in Aktivräumen, Durchgängen und Eingangshallen empfohlen. Rot läßt die Räume kleiner wirken

Nahrung — Natürliche Zuführung der Rotenergie durch Rote Beten, alle roten Beeren, rotes Fleisch

Aura-Soma — Flaschen Nr. 5 + 6

Besonderer Hinweis:

Die Rot-Meditation muß unbedingt sitzend vorgenommen werden! Die Farbe Rot lassen wir mittels Vorstellung von den Füßen her durch den gesamten Organismus strömen. Je gezielter und bewußter wir die Farbenergien durch die einzelnen Organe führen können, um so effizienter wird die Wirkung der Farbmeditation

Purpurrot (intensives Violettschwarzrot)

Wirkung	Purpurrot wirkt bedrückend. Es ist die Farbe der wortmächtigen Redner

Rosa

Wirkung des freifließenden Rosa	Herzenswärme, Raum für edle Gefühle, Liebe um der Liebe willen, Liebe ohne das Moment der Leidenschaft, bedingungslose Liebe mit klarer, freundlicher Abgrenzung, Freundlichkeit, Sanftheit, Zärtlichkeit, Zuneigung, Sympathie und Mitgefühl. Rosa verbreitet optimistische Stimmung, senkt den Blutzuckerspiegel, hervorragende Farbe für Kinder im Kindergartenalter, Erst- und Zweitkläßler, verstärkt sowohl die emotionale als auch die aktive Teilnahme am Unterricht. Rosa ist, wie alle zarten Farben, für Babys gut geeignet. Starke, reine Farben sind für Babys bis etwa zum Alter von einem Jahr ungeeignet, weil sie die Entwicklung zu sehr beschleunigen
Übermäßiger Rosaanteil	ist wahrzunehmen als: übergroße Nachgiebigkeit, Weichheit, Kritiklosigkeit, ein Sich-nicht-abgrenzen- bzw. Nicht-neinsagen-Können, übergroße Sentimentalität und Selbstmitleid

Die Farbe Orange

Schwingungsfrequenz

460–510 Schwingungen/Sek. (Hertz)

Wellenlänge

620 Nanometer

Prinzip

Lebensfreude, Lebenslust, Kontaktstärke, spielerische Bewegungsfreude, Regeneration auf allen Ebenen, schöpferische Fortpflanzung des Seins. Orange ist die Farbe der Kreativität und des sichtbaren Ausdrucks unseres Da-Seins – die Farbe der aus dem Inneren kommenden Vitalität

Wirkung

Orange macht leicht, verspielt und lebensfroh, es wirkt durch seine Qualität als Mischfarbe sowohl auf unser psychisches als auch auf unser intellektuelles Wohlbefinden. Spricht den Gefühls- und Emotionalkörper an und hilft, überschwengliche Gefühle in Kreativität zu verwandeln. Orange wirkt lösend und befreiend

Therapeutische Anwendung

Orange stärkt das gesamte Nervenkostüm. Es erhöht sanft Puls und Blutdruck und regt ebenso sanft die Blutzirkulation und den Kreislauf an. Orange regt die Regenerationskraft des gesamten Organismus an, auch die der Haut. Orange wirkt lösend bei jeder Form von Verkrampfungen und Verspannungen, vor allem bei Spasmen und Krämpfen im Atembereich, beispielsweise bei Asthma und zur Schleimlösung nach zähem Husten. Es wirkt ebenso lösend bei Verspannungen und Blockaden im Schulter- und Rückenbereich, auch bei chronischem Rheuma. Orange hemmt die Gallensteinbildung und ist eine ausgezeichnete ergänzende Energiezufuhr für Veganer und Vegetarier. Orange befreit von alten Konditionierungen,

	Zwängen, Hemmungen. Es verleiht ein tiefes Gefühl der Gelöstheit, der Uneingeschränktheit. Es fördert die Unternehmungslust und vermittelt Frohsinn und Lebenslust. Außergewöhnliche Erfolge bei autistischen Kindern und Erwachsenen und bei lerngestörten Kindern. Lethargische und eßfaule Kinder lassen sich mit Orange anregen. Ebenso hilfreich ist Orange für alle Menschen, die an Bulimie leiden. Auch bei Depressionen setzen wir Orange ein, wobei der Patient die Farbe vehement ablehnt. Orange bei allen umweltbedingten Allergien
Komplementärfarbe	In therapeutischer und psychologischer Hinsicht entspricht die Farbe Indigo (Mitternachtsblau) dem Komplement von Orange
Edelsteine	Unterstützung in der Edelsteintherapie durch: Sonnenstein, Karneol, Feueropal, orangefarbener Mondstein, Bernstein, Unakrit, Titanit, orangefarbener Spinell, Hyazinth, Sarder, Spessarit, Grossular, Hessonit
Chakra	Orange wirkt auf das zweite Chakra, das Sakralchakra. Dieses stärkt die Keimdrüsen (Eierstökke und Hoden). Ebenso stärkt es die Bauchorgane, vor allem die Milz und die Bauchspeicheldrüse; außerdem das gesamte Immunsystem
Mantra	Vam
Numerologisch	gehört die Zahl 2 zu Orange
Astrologisch	sendet die Sonne dieselbe Energie aus. Sonntag – Tag des Sonneneinflusses
Musiktherapie	Der Ton D entspricht der Energieschwingung von Orange
Berufe	Bevorzugte und geeignete Berufe für Menschen mit ausgeprägtem Orangeanteil sind: praktische Erfinder, Künstler, Schauspieler, Improvisationskünstler, auch Lebenskünstler, Tänzer, Kin-

dergärtnerinnen, Ballett-, Werk- und Handarbeitslehrerinnen, Floristinnen, Köche usw. Wesentliches Merkmal ist die kreative Schaffenskraft

Wirkung des freifließenden Orange

Urtiefe, Lebensfreude, Selbstsicherheit, Kontaktstärke, Geselligkeit, Kreativität, Konstruktivität, Gesundheit, Jugendlichkeit, Schönheitsliebe, Gefühlstiefe, Begeisterungsfähigkeit. Gesunde Fortpflanzungsorgane, gute Abwehrkraft

Blockierter oder mangelnder Orangeanteil

zeigt sich durch: Unselbständigkeit, Destruktivität, Stolz, Exhibitionismus, Hochmut, Ovationssucht (krankhafter Geltungs- bzw. Bestätigungsdrang), Mutlosigkeit, Zerschlagenheit, Depression und Zerrissenheit, mangelnde Lebensfreude, schwache Nerven, Kontaktschwierigkeiten, schwache Abwehr- und Regenerationskraft, Kreislaufbeschwerden, Milz- Pankreas-Leiden, schwaches Sperma

Räumlichkeiten	Orange lädt zum geselligen, freudvollen Verweilen ein; eine empfehlenswerte Farbe für Eßzimmer-Ausstattungen, Unterhaltungsbereiche, Tanzlokale, Speiserestaurants, Spiel-, Handarbeits-, Kochschul- und Werkzimmer. Bei Raumbemalungen sind die beruhigenden Farben Blau, Indigo oder Violett mit einzubeziehen. Personaleingänge und Durchgangswege in Krankenhäusern, Alters- und Pflegeheimen, in Orange gehalten, würden viel zur besseren Stimmung der Bewohner und des Pflegepersonals beitragen. Orange ist keine Schlaffarbe
Aura-Soma	Flasche Nr. 26
Nahrung	Natürliche Zuführung der Orange-Energie durch: Karotten, Kürbis, Aprikosen, Honigme-

lonen, Mangos, Papapayas. Alle Früchte haben einen ausgeprägten Orange-Energieanteil

Besonderer Hinweis:

Die Orange-Meditation soll sitzend vorgenommen werden. Die Farbe Orange lassen wir, wie die Farbe Rot, mittels Vorstellung von den Füßen her, in unseren Körper einfließen und durch alle Organe, durch den gesamten Organismus strömen

Die Farbe Gelb

Schwingungsfrequenz	520–530 Schwingungen/Sek. (Hertz)
Wellenlänge	590 Nanometer
Prinzip	Erkenntnis, Klarheit, Weisheit, Gedankenfreiheit, Gestaltung des eigenen Seins
Wirkung	Gelb stärkt den Intellekt, das abstrakte, analytische und synthetische Denken. Wahrheitssuche, Feinsinnigkeit, Kommunikationsfreude, Vorstellungskraft, Ideenreichtum
Therapeutische Anwendung	**Kein Gelb** bei Nervenzusammenbrüchen, anstelle von Gelb kann Blau, Türkisblau oder Grün verwendet werden **Goldgelb** stärkt das vegetative Nervensystem und den Solarplexus (Streß und negative Emotionen). Ebenso stärkend wirkt es auf unsere Sinnesorgane. Allergien entsprechen der direkten Auswirkung von Sinnes- und Schleimhautüberreizungen. Goldgelb bei allen Allergien, auch Hautallergien. Gelb stärkt die Leber, die Gallenblase und auch die Funktion der Bauchspeicheldrüse Goldgelb hilft unbewußten Ängsten auf die Spur zu kommen, bei nervösen Erschöpfungszuständen. Alle psychosomatischen Störungen werden mit Goldgelb positiv angesprochen, also auch Magenbeschwerden, Hitzewallungen usw. Goldgelb hilft bei Depressionen. Wir stoßen dabei auf Ablehnung. Trotzdem gelbe Aspekte in Form von Blumen oder Tischgedecken verwenden **Helles Gelb** regt die Verdauung an und entschlackt den ganzen Körper, es hilft bei Gewichtskorrekturen (Cellulite), stimuliert den

	Gallen- und Lymphfluß, hilft bei arthritischen Erkrankungen (Ausschwemmen von Kalk- und Kalziumablagerungen und anderen Schlackenstoffen).
	Gelb verstärkt die Lernfähigkeit, die Gedankenkraft und die Konzentration (bei Lern- und Konzentrationsschwierigkeiten ist es nützlich, einige gelbe und violette Aspekte auf dem Pult zu plazieren, beispielsweise farbige Blätter nebeneinander auf den Schreibtisch legen). Gelb entschlackt auch das Gehirn und den Geist
Komplementärfarbe	Violett ist das Komplement von Gelb
Edelsteine	Unterstützung in der Edelsteintherapie durch: Citrin, gelber Jaspis, gelber Saphir, Goldberyll, Chrysoberyll, gelber Spinell, Bernstein, Pyrit-Sonne (lädt stark auf – Achtung Schlaf!) Rutilquarz, Moosopal, Edeltopas usw.
Chakra	Gelb wirkt auf das dritte Chakra, auf den Solarplexus (Sonnengeflecht) und alle damit verbundenen Funktionen der Leber
Mantra	Ram
Numerologisch	gehört die Zahl 3 zu Gelb
Astrologisch	sendet der Planet Merkur dieselbe Energie aus. Mittwoch – Tag des Merkureinflusses
Musiktherapie	Der Ton E entspricht der Energieschwingung von Gelb
Berufe	Bevorzugte und geeignete Berufe für Menschen mit ausgeprägtem Gelbanteil sind: Geistesarbeiter, geistige Abenteurer, Erfinder, Ideen-Artisten, Philosophen, Reiseleiter usw.

Wirkung des freifließendenGelb

	Sonniges Wesen, heiteres, sonniges Gemüt mit guter Laune, positive Lebenseinstellung, Kontaktfreude, vielfältige Interessen, vor allem geistiger Art, Bewußtseinserweiterung, geistige

Selbstsicherheit, optimale Konzentration, gute Denk- und Urteilskraft, großzügiges Denken, klares, begrifflich-logisches, abstraktes und synthetisches Denken. Geistige Abenteuerlust und Reisefreude

Blockierter oder mangelnder Gelbanteil

zeigt sich durch: Verbitterung, Minderwertigkeitsgefühle, zu analytisches, kleinliches, penibles Denken. Neigung zu Übertreibungen (neunmalklug), Unaufrichtigkeit, „süchtig" nach Schmeicheleien sein. Feigheit, Rachsucht, Neid und Eifersucht, Pessimismus, Hyperaktivität, Ruhelosigkeit. Beschwerden vegetativer Art, Leber-Galle-Probleme

Räumlichkeiten — Ausschließlich in Gelb gehaltene Räume können sehr nervös machen. Es empfiehlt sich, die Komplementärfarbe Violett oder Blau- und Grüntöne mit einzubeziehen. Wünscht man geistig rege Gespräche bei Tisch, ist ein Gedeck in den Farben Gelb und Blau oder Gelb und Violett vorteilhaft

Nahrung — Natürliche Zuführung der Gelbenergie durch: Mais, Ananas, Kastanien (Maronen), Nüsse, Spargel, Sellerie usw. Ein Glas lauwarmes Wasser mit frisch gepreßtem Zitronensaft auf nüchternen Magen regt die Verdauung und die Entschlackung an (wird im Magen alkalisch, nicht sauer)

Aura-Soma — Flaschen Nr. 4 und 41

Besonderer Hinweis:

Die Gelb-Meditation ist vorzugsweise sitzend vorzunehmen. Die Farbe Gelb lassen wir, wie die vorangegangenen Erdenergien, mittels Vorstellung von den Füßen her in unseren Körper einfließen und durch den gesamten Organismus strömen

Die Farbe Grün

Schwingungsfrequenz	540–640 Schwingungen/Sek. (Hertz)
Wellenlänge	565 Nanometer
Prinzip	Die Mitte allen menschlichen Seins – Verstand, Verständnis, Mitempfinden, Selbstachtung, Selbstakzeptanz, Seinshingabe, Ruhe, Frieden, Seelenfrieden, Weltfrieden. Grün hilft dem Menschen, den inneren Frieden, das Gleichgewicht und die Harmonie fühlen zu können
Wirkung	Grün fördert konkretes, sachliches, nüchternes, präzises und realitätsbezogenes Denken, praktischen Sinn, Standfestigkeit, Unterscheidungs- und Urteilskraft, Disziplin, Ausdauer, Korrektheit. Einklang mit dem geistigen Gesetz vom ewigen Austausch und der Fülle des Seins. Wachstum und Reformfreude, der Geist der Evolution
Therapeutische Anwendung	Grün für alles aus der Mitte Geratene, aus dem Gleichgewicht Gekommene. Grün wirkt immer sedierend, beruhigend und entspannend, löst auch emotionale Spannungen, hilft bei Kopfweh und Migräne, die hilfreichste Farbe nach Schockeinwirkungen. Grün bei allen Herzbeschwerden, insbesondere bei nervösen Herzbeschwerden (neben ärztl. Abklärung). Grün beruhigt und stärkt den Magen – ausgleichende Wirkung auf das gesamte Verdauungssystem. Grün bei Magenübersäuerung, bei Diabetes. Feinstarbeiten können unter Grünlicht besser ausgeführt werden. Bei Augenkrankheiten aller Art (der Blick ins Grüne), Neuralgien, Bronchialkatarrh und Keuchhusten, Zysten, Geschwülste, Geschwüre (neben ärztl. Abklärung), gute Wirkung bei Hautkrankheiten. Grün wirkt aus-

	gleichend auf den Blutdruck – zu niedriger Blutdruck kann mittels Dunkelgrün leicht angehoben werden. (Dies ist hilfreich bei Menschen, die dazu noch kein Rot oder Orange verwenden können.) Grün wirkt entsäuernd (bei Gelenkentzündungen abwechselnd mit Blau arbeiten)
Komplementärfarbe	In therapeutischer und psychologischer Hinsicht keine, da Grün den Ausgleich, die Mitte in sich selbst trägt – Grün ist neutral, weder warm noch kalt. – Ist in therapeutischer Hinsicht trotzdem eine Komplementärfarbe notwendig, bedienen wir uns der Farbe Rot oder Magenta, einer Mischung aus UV- und Infrarotlicht
Edelsteine	Unterstützung in der Edelsteintherapie durch: Malachit, grüner und rosa Turmalin, Aventurin, Jade (aus Jade und Aventurin läßt sich Gesichtswasser herstellen). Peridot, Moosachat, Chrysokoll und Smaragd
Chakra	Grün wirkt auf das Herzchakra und auf die Thymusdrüse
Mantra	Yam
Numerologisch	gehört die Zahl 4 zu Grün
Astrologisch	sendet die Venus dieselbe Energie aus. Freitag – Tag des Venuseinflusses
Musiktherapie	Der Ton F entspricht der Energieschwingung von Grün
Berufe	Bevorzugte und geeignete Berufe für Menschen mit ausgeprägtem Grünanteil sind: Naturwissenschaftler, Techniker, Mathematiker, Kinderärzte, Chirurgen, Psychotherapeuten, Juristen, Richter, Bauingenieure, Gärtner usw. Alle Berufe, die mit Menschen, Tieren, Pflanzen und der Weiterentwicklung der Erde in Zusammenhang stehen

Wirkung des freifließenden Grün

Innere Ruhe, Ausgeglichenheit, Sympathie, Mitgefühl, Harmonie, Frieden, Selbstachtung, Selbstakzeptanz, Standfestigkeit, gefestigter Kern. Grün – Liebe zu Kindern, Tieren, Pflanzen, Liebe und Achtung zur gesamten Schöpfung, Einfühlungsgabe, Anpassungsfähigkeit, Urteils- und Entscheidungsfähigkeit, Disziplin, Selbstbeherrschung, Kraft und Wohlbefinden, Reformbestrebungen auf politischem und wirtschaftlichem Gebiet

Blockierter oder mangelnder Grünanteil

zeigt sich durch: Stagnation, Gleichgültigkeit, Passivität, mangelnde Entscheidungskraft, skrupelloser Umgang mit Geld, Geiz, Hab- und Raffgier, Neid und Eifersucht, Herz-, Skelett-, Magen- und Darmbeschwerden

Räumlichkeiten	Grün eignet sich kaum zum Wandanstrich im Wohnbereich – hingegen wird eine lärmerfüllte Umgebung in einem grünen Raum besser ertragen. Ein anregender farblicher Gegenpol ist mit einzubeziehen. Evtl. Grün für Räume, worin ein ausgewogenes, starkes Urteilsvermögen erwartet wird. Grünlicht in Operationssälen und Zahnarztpraxen
Nahrung	Natürliche Zuführung der Grünenergie durch: grüne Salate, Bohnen, Brokkoli, Erbsen, Gurken, frische Kräuter; aber auch bei Kartoffeln ist der Grünenergieanteil vorherrschend
Aura-Soma	Flaschen Nr. 3 und 10

Besonderer Hinweis:

Die Grün-Meditation ist vorzugsweise sitzend vorzunehmen, kann jedoch bei Bedarf auch liegend ausgeführt werden. Die Farbe Grün nehmen wir mittels Vorstellung horizontal über das Herzchakra oder über die Atmung in unseren Körper auf

Die Farbe Blau

Schwingungsfrequenz	650 Schwingungen/Sek. (Hertz)
Wellenlänge	470 Nanometer
Prinzip	Blau ist die Farbe der Vertiefung, der Seele, der Stille, des Schweigens, des Insichhorchens, der Andacht, der Ehrfurcht, der Anerkennung des Schöpfungswillens
Wirkung	Tiefenwirkung, Zusammenführung des Egowillens und der Schöpfungsaufgabe zur wahren Einheit, durch die Anerkennung der Seelen- und Schöpfungskraft wird die innere Führung aktiviert – alles erscheint möglich. Kreativer Selbstausdruck, Geistigkeit, Reformfreude auf höchster Ebene, schenkt Ruhe, Seelenfrieden und Klarheit
Therapeutische Anwendung	Blau wirkt kühlend, energievermindernd, stark beruhigend, gefäßzusammenziehend, keimtötend. Es beruhigt die Nebennierenrinde, die Hypophyse, die Schilddrüse und die Zirbeldrüse und somit den gesamten Hormonhaushalt. Blau beruhigt das vegetative Nervensystem, lindert Hitzewallungen und senkt hohen Blutdruck, wirkt stark angstlösend. Blau bei ängstlich-nervösen Herzrhythmusstörungen (neben ärztlicher Begleitung), stark schmerzlindernd, entzündungshemmend, auch bei rheumatischen Beschwerden. Blau hilft bei Schlafstörungen, beruhigt und stärkt Geist und Nerven, wirkt beruhigend auf das Atmungssystem, beispielsweise bei Reizhusten. Hilft bei entzündlichen, eitrigen Halskrankheiten, bei Insektenstichen, bei Hautjucken und Ekzemen. Blau ist fiebersenkend. Blau bei Hyperaktivität und emotio-

	naler Überreizung – wutentbrannte Menschen mit Hilfe der Vorstellung in blaues Licht einhüllen beruhigt und besänftigt die Betreffenden
Komplementärfarbe	in psychologischer und therapeutischer Hinsicht ist die Farbe Rot das Komplement von Blau
Edelsteine	Unterstützung in der Edelsteintherapie durch: Aquamarin, heller Sodalith, Chalcedon, Opal, Spinell, Saphir, Mondstein, Lapislazuli, blauer Topas, Zirkon usw.
Chakra	Blau wirkt auf das fünfte Chakra, das Halschakra. Das Halschakra bündelt die Energie der Schilddrüse. Die Stimme, die gesamte Sprechapparatur wird über das Halschakra genährt. Es beeinflußt den kreativen Selbstausdruck, die Selbstverwirklichung, das für sich selbst Einstehen – und Sprechenkönnen
Mantra	Ham
Numerologisch	gehört die Zahl 5 zu Blau
Astrologisch	sendet der Planet Jupiter dieselbe Energie aus. Donnerstag – Tag des Jupitereinflusses
Musiktherapie	Der Ton G entspricht der Energieschwingung von Blau
Berufe	Bevorzugte und geeignete Berufe für Menschen mit ausgeprägtem Blauanteil sind: Pioniere jeglicher Art, Lehrer, Politiker, Kunstmaler, Musiker, ganzheitliche Therapeuten, Schriftsteller, Dolmetscher usw.
Wirkung des freifließenden Blau	
	Innere Ruhe und Gelassenheit, seelische Feinheit, seelische Tiefe, ausgeprägte Sensibilität, Einfühlungsvermögen, Hingabe und Treue. Mit sich selbst allein glücklich und zufrieden sein können. Heiterkeit, Taktgefühl, Loyalität, Vertrauen, Integrität, Religiosität, Inspiration, Er-

	findungsgabe. Ausgeprägte Freude an der Musik und der Kunst, Sprachgewandtheit
Blockierter oder mangelnder Blauanteil	zeigt sich durch: innere Unruhe, emotionale Instabilität, Mangel an Vertrauen in die eigenen Kräfte, das Gefühl der Vereinzelung, Distanziertheit, das Sichabsondern und Teilnahmslosigkeit, Snobismus, Selbstgerechtigkeit, Treulosigkeit, zu starker bzw. falscher Ehrgeiz, Schwermut und tiefsitzende Ängste, Schlafstörungen, Angst, zu seiner inneren Wahrheit zu stehen, sich selbst treu zu sein, Flucht vor sich selbst, extreme Harmoniebedürftigkeit. Tausend Interessen gleichzeitig, ohne Zielverwirklichung, gestörter Hormonhaushalt, gestörte Sprechapparatur
Räumlichkeiten	Blau eignet sich sehr gut für Schlaf- und Behandlungszimmer, für Räume mit großer Hitzeentwicklung, für Räume mit hektischer und gestresster Atmosphäre. Blaue Bettwäsche und Pyjamas sind nervösen, ängstlichen und schlafgestörten Menschen zu empfehlen. Blaue Tischwäsche fördert angenehme, tiefgehende Gespräche unter Gleichgesinnten, kann ohne anregenden farblichen Gegenpol aber auch sehr schläfrig machen. Im Wohnbereich ist Blau, wie alle kalten Farben, mit einer warmen Farbe zu kombinieren, vorzugsweise mit Gelb oder Orange
Nahrung	Natürliche Zuführung der Blauenergie durch: Zwetschen, Blaubeeren – alles Blaue ist Seelennahrung
Aura-Soma	Flaschen Nr. 2 und 33

Türkisblau

Prinzip: Stellt in jeder Beziehung die Verbindung zwischen den inneren und äußeren Aspekten her, wirkt auf die Seele ebenso wie auf das Skelett und auf die Haut

Wirkung: Türkisblau vermittelt Frische, stärkt die Abwehrkräfte, **Türkisblau** bei allen entzündlichen Skeletterkrankungen, beruhigt und stärkt das Nervensystem in äußerst wirksamer Weise. Bei emotionalen Störungen inkl. Pubertät. Es fördert ruhige Aktivität, kühlt die Haut bei allgemeinen Verbrennungen und bei Sonnenbrand. Ausgezeichnete Schlaffarbe. Hilft Sprechängste bei Kindern und Erwachsenen überwinden. Die Farbe der Massenkombination.

Räumlichkeiten: Türkis eignet sich gut für Geburtsräume evtl. kombiniert mit Rosa. Türkislicht zur sanften Begrüßung des Neugeborenen. Warteräume in Kinder- und Zahnarztpraxen könnten vorzugsweise in Türkis kombiniert mit Rosa ausgestattet werden

Besonderer Hinweis:

Jede Meditation ist vorzugsweise sitzend auszuführen. Die Blau-Meditation kann jedoch auch liegend als hilfreiche Einschlaf-Meditation verwendet werden. Die Farbe Blau lassen wir mittels Vorstellung durch das geöffnete Scheitelchakra in uns einströmen

Royalblau

Loyalität, Stärke, hohe Ideale

Marineblau

Gute Urteilskraft, Distanziertheit, schenkt scheuen Menschen innere Sicherheit und Stärke

Schwarzblau

Mögliche Festgefahrenheit im Denken, Besserwisserei

Hellblau

Dienen um des Dienens willen, eine sehr spirituelle Farbe

Türkisblau

Eine hervorragende Farbenergie

Die Farbe Indigo

Schwingungsfrequenz	680–720 Schwingungen/Sek. (Hertz)
Wellenlänge	ca. 405 Nanometer
Prinzip	Wahrnehmung der inneren Stimme. Intuition – unmittelbare ganzheitliche Wahrnehmung, Imagination – Vorstellungskraft, Geisteskraft, Gemeinschaftsempfinden, gütiges Wohlwollen
Wirkung	Indigo vertieft die spirituelle Prägung von Blau, erweitert den geistigen und spirituellen Horizont. Schenkt die Einsicht, den bisherigen Lebensweg in einem sinnvollen Zusammenhang zu sehen. Wir werden uns des wirklichen Lebenssinnes bewußt und beginnen aus dieser Erkenntnis heraus zu handeln. Wir lassen uns wieder von der inneren Stimme führen, Veränderungen nehmen Gestalt an. Indigo zieht Gleichartiges an (Kohäsion). Es fördert die gesinnungsmäßige Verschmelzung der Menschen oder einzelner Gruppen, ohne daß die eigene Identität verlorengeht. Indigo vermittelt erfüllendes Glücksempfinden aus der Einheit mit sich selbst heraus. Indigo schenkt tiefe Ruhe, Gelassenheit, innere Sicherheit, unerschütterliches Vertrauen in die eigene und in die Schöpfungskraft
Therapeutische Anwendung	Indigo bietet uns eine Tiefenreinigung des Körpers, des Geistes und der Seele an. Indigo stärkt Geist und Nerven. Indigo beruhigt und stärkt die Hypophyse und die Zirbeldrüse und dadurch auch das gesamte Nervensystem. Es hilft dadurch bei ausgeprägter vegetativer Dystonie, bei schweren Schlafstörungen, bei extremen Hitzewallungen usw. Indigo holt die ältesten, am tiefsten versteckten Ängste, Phobien, Kom-

	plexe und negativen Konditionierungen an die Oberfläche und gibt die Kraft ab, alle seelischen und emotionalen Schlacken zu verarbeiten, um sich für immer davon zu befreien. Indigo reinigt und stärkt das Blut und die Lymphflüssigkeit. Indigo stärkt die Venenwände, die Atemorgane, Lunge und Bronchien, die Herzkranzgefäße und hilft, neben medizinischer Betreuung, bei Herzrhythmusstörungen. Ebenso erfolgreiche Anwendung bei Entzündungen, Furunkeln, Ekzemen, Geschwüren (allem Eitrigen) und Prellungen
Komplementärfarbe	Aus therapeutischer und psychologischer Sicht entspricht Orange dem Komplement von Indigo
Edelsteine	Unterstützung in der Edelsteintherapie durch: Saphir, Indigolith, Sodalith, Lapislazuli, Blauer Fluorit, Spinell, Aquamarin, Opal, Labradorit usw.
Chakra	Indigo wirkt auf die Hypophysenvorderlappen, auf das sechste Chakra – das Stirnchakra, auch geistiges oder Drittes Auge genannt, die Intuition
Mantra	Ksham
Numerologisch	gehört die Zahl 6 zu Indigo
Astrologisch	sendet der Planet Saturn dieselbe Energie aus. Samstag – Tag des Saturneinflusses
Musiktherapie	Der Ton A entspricht der Energieschwingung von Indigo
Berufe	Bevorzugte und geeignete Berufe für Menschen mit ausgeprägtem Indigoanteil sind: Sozialarbeiter, durch vorgelebtes Beispiel wirkende Lehrer, verantwortungsvolle, pflichtbewußte, korrekte Bürofachkräfte, Kunstschaffende, Heiler und Seher

Wirkung des freifließenden Indigo	
	hohe Intuitionsgabe und ausgeprägte Geisteskraft, Spiritualität, praktischer Idealismus, Furchtlosigkeit, Gefühl der Einheit mit allen Wesen, große Toleranz, Verständnis, Akzeptanz gegenüber aller Andersartigkeit, tiefer Glaube an die innere Führung. Mut zur Veränderung, Klarheit, widerstandslose Pflichterfüllung, Lehren durch bloße Gegenwart – einen Weg gehen, der den Menschen hilft, Eigenverantwortung zu übernehmen
Blockierter oder mangelnder Indigoanteil	
	zeigt sich durch: extremes Abgesondertsein, Menschenscheuheit, tiefsitzende Ängste, Dogmatismus, geistige Intoleranz, Kritiksucht und diktatorische, verständnislose Herrschsucht, Zerstreutheit, Perfektionsansprüche, äußerst negative Lebenseinstellung, Selbsthaß, Selbstzerstörung (gegen sich selbst gerichtete negative Energie), rheumatische, arthritische und entzündliche Krankheiten des Skelettbaus, starke vegetative Dystonie, tiefe Depressionen, Krankheiten, die im direkten Zusammenhang zur Funktion der Hypophyse stehen
Räumlichkeiten	Indigo läßt sich kaum zum Wandanstrich von Räumen verwenden. Lila, die sanftere Ausgabe der Farbe Indigo, eignet sich jedoch gut für Gemeinschaftsräume, auch meditativer Art. Indigo ist bei hartnäckigen Schlafstörungen, tiefsten Ängsten, großer Unruhe und bei starken Schmerzen eine sehr hilfreiche Leintuchfarbe!
Nahrung	Natürliche Zuführung der Indigo-Energie durch: Holunder, Brombeeren, Heidelbeeren, Kirschen, Pflaumen usw.
Aura-Soma	Flasche Nr. 1

Besonderer Hinweis:

Die Indigo-Meditation ist eine äußerst hilfreiche Einschlaf-Meditation. Wir lassen die Farbe, mittels Vorstellung durch das geöffnete Scheitelchakra in uns einströmen

Die Farbe Violett

Schwingungsfrequenz
730–770 Schwingungen/Sek. (Hertz)

Wellenlänge
397 Nanometer

Prinzip
Wieder Ganz – Heil-Sein wird möglich, Vollendung, Spiritualität, Würde, Achtung, Macht, Sensibilität, Gefühle, Fühlen, Wünsche, Sehnsucht, Wunscherfüllung, Adhäsion (die Aneignung und die Anziehung des noch Fehlenden)

Wirkung
Violett verbindet die zwei gegensätzlichsten Pole, die das Mensch-Sein ausmachen (Rot/Blau) in vollkommener Weise. Violett ist die stärkste Farbenergie im Regenbogenspektrum. Es wirkt sehr intensiv auf das Unterbewußtsein, weckt das Bedürfnis nach Ruhe und Beschaulichkeit, regt die Phantasie und die Inspiration in kraftvoller Weise an. Mit Violett in harmonischem Einklang erfüllt sich der Lebensweg mit Licht, Liebe und Frieden

Therapeutische Anwendung
Kein Violett bei Depressionen! Diese außergewöhnliche Farbenergie muß frei durch den gesamten Organismus fließen können. Violett wirkt direkt auf unsere Zirbeldrüse (Epiphyse) – dies ist das zentrale Steuerungsorgan, die innere Zeituhr, die alle hormonellen Vorgänge über den Hypothalamus koordiniert. Violett nährt, stärkt und gleicht die Funktionsweise der sieben Steuerungsorgane, der Kommandozentrale im Gehirn aus. Violett, richtig genutzt, entspricht angewandter Ursachentherapie. Mit Violett nehmen wir Einfluß auf das gesamte Drüsensystem, den gesamten Stoffwechsel, den gesamten Hormonhaushalt, das ganze Lymphsystem, auf das Blut, die Leber, die Bauchspeicheldrüse, die Milz, die Nieren usw. Violett wirkt appetit-

	dämpfend. **Violett reinigt und verwandelt alles, womit es in Berührung kommt.** Violett wirkt stärkend und aufbauend während und nach längeren Krankheiten, stärkt kopflastige und sensible Menschen, hilft bei geistigen und nervlichen Störungen, wirkt stärkend auf die gesamte Molekularstruktur des menschlichen Körpers, hilft, den Kalium- und Kalziumhaushalt im Gleichgewicht zu halten (Zellzerfall, Mißmut usw.). Violett reinigt und verwandelt den Menschen als Ganzes, auch seine Gedanken, seine Gefühle und Emotionen
Komplementärfarbe	ist die Farbe Gelb – der Machtanspruch der Farbe Violett muß immer wieder mit der Erkenntnis, der Einsicht und der Weisheit der Farbe Gelb gepaart werden
Edelsteine	Unterstützung in der Edelsteintherapie durch: Amethyst, Sugilith, violetter Saphir, Chaorit, Sogdianit, Thulit, Opal, Transanit, Fluorit. Der Bergkristall und der Diamant gehören ebenfalls zu dieser Gruppe, ebenso die schwarzen Steine wie Onyx, Obsidian, schwarzer Turmalin und das Falkenauge (dunkelbraun)
Chakra	Violett wirkt auf das siebte Chakra, das Scheitelchakra. Es beherbergt das Zentrum der kreativen Visualisation. Es ist die Informationszentrale des höheren Selbst und hat eine direkte Verbindung wie ein Lotusblütenstiel zur Epiphyse (Zirbeldrüse)
Mantra	Aom
Numerologisch	gehört die Zahl 7 zu Violett
Astrologisch	sendet der Mond dieselbe Energie aus. Montag – Tag des Mondeinflusses
Musiktherapie	Der Ton H entspricht der Energieschwingung von Violett

Berufe	Bevorzugte und geeignete Berufe für Menschen mit ausgeprägtem Violettanteil sind: Pflegeberufe mit Hautkontakt, alle Berufe, die mit Hingabe gelebt werden und die mit dem Dienen für ein hohes Ideal verbunden sind – auch mystische Hingabe, inspirierte ganzheitliche Führer, Geistheiler
Wirkung des freifließenden Violett	Würde, Achtung und Verehrung der gesamten Schöpfung mit Einbezug aller geistigen Gesetzmäßigkeiten, Menschenfreundlichkeit, gute gefühlsmäßige Anpassung an den Mitmenschen, Idealismus (mit Erdung), hohe geistige Fähigkeiten, erstaunliche Leistungen im Beruf (ohne Ellenbogentum), Sublimierung der Begierden, natürlicher, gesunder Machtanspruch, wachsame, ganzheitliche Lebendigkeit mit göttlicher Ergebenheit
Blockierter und zu großer Violettanteil	zeigt sich durch: geistigen Hochmut, Arroganz, Snobismus und Machtmißbrauch in jeder Form, Grobheit, Rücksichtslosigkeit, Treulosigkeit, Unzuverlässigkeit, Fanatismus (Sekten), das Nicht-Alleinseinkönnen, nicht ohne Hautkontakt auskommen können, exzessive Sexualität, Realitätsverlust, Flucht in Schein- und Phantasiewelten, daraus resultierende schwere Suchtkrankheiten und Depressionen. Phlegmatisches Naturell, hormonelle Störungen, Drüsen-, Schädel- und Großhirnkrankheiten
Räumlichkeiten	Violett muß immer mit Gelb oder Orange kombiniert werden! In Violett und Orange gehaltene Räume fördern das Hervorbringen erstaunlicher Werke. Violett und Orange für kreative Zimmer (Spielen, Werken, Handarbeit, Basteln), Eingänge von Psychiatrieanstalten, Altersheimen und Gefängnissen wären vorteilhaft

	mit Violett zu gestalten – die Besucher würden den Bewohnern mit mehr Respekt, Würde und Achtung begegnen
Nahrung	Natürliche Zuführung der Violettenergie durch: Holunder, Brombeeren, Pflaumen, violetter Brokkoli, Blaukraut/Rotkohl, Auberginen
Aura-Soma	Flaschen Nr. 0 und 16
Besonderer Hinweis:	
	Die Violett-Meditation ist vorzugsweise sitzend vorzunehmen. Die Farbe Violett lassen wir mittels Vorstellung durch das geöffnete Scheitelchakra in uns einströmen

Schlußwort

Lache ins Leben und es lacht dir zurück!
Ich wünsche Ihnen allen einen farbenfrohen Lebensweg.

Alles Liebe
Ihre
Annemarie Strebel

Literaturhinweise

Brantschen, Roman: *Heilen mit Licht und Farben,* Ariston Verlag, Genf, München 1994

Braem, Harald: *Die Macht der Farben,* mvg-Verlag, München, Landsberg am Lech 1998

Dahlke, Rüdiger: *Die Psychologie des blauen Dunstes,* Knaur Verlag, München 1989

Dahlke, Rüdiger: *Krankheit als Symbol,* Bertelsmann, München 2000

Frieling, Heinrich: *Das Gesetz der Farbe,* Muster-Schmidt Verlag, Göttingen 1968

Füss, Robert: *Die Induktionstherapie, Ganzheitliche Regulation des Gehirns,* Energetik-Verlag GmbH, Sulzbach 1994

Gimbel, Theo: *Heilen mit Farben,* AT-Verlag, Aarau 1994

Hay, Louise L.: *Heile deinen Körper,* Alf Lüchow, 25. Auflage, Freiburg 1992

Lüscher, Max: *Psychologie der Farben,* Basel 1969

Lüscher, Max: *Der 4- Farben- Mensch,* München 1977

Lüscher, Max: *Die Lüscher Farben,* Mosaik-Verlag, München 1989

Auswertung der Lüscher Farben: Color-Test-Verlag AG, Luzern/Schweiz

Mandel, Peter: *Energetische-Terminalpunkt-Diagnose,* Energetik- Verlag, Bruchsal 1990

Mandel, Peter: *Praktisches Handbuch der Farbpunktur,* Energetik-Verlag, Bruchsal, Band 1 1993, Band 2 1993

Mandel, Peter: *Farben die Apotheke des Lichts,* Energetik-Verlag, Bruchsal 1996

Popp, Fritz-Albert: *Biologie des Lichts,* Verlag Paul Parey, Berlin 1984

Popp, Fritz-Albert: *Biophotonen – ein neuer Weg zur Lösung des Krebsproblems,* Verlag für Medizin Dr. E. Fischer, Heidelberg 1984

Tepperwein, Kurt: *Die Botschaft Deines Körpers. Die Sprache der Organe,* mvg-Verlag, München, Landsberg am Lech, 4. Aufl. 1991

Tepperwein, Kurt: *Die Geistigen Gesetze,* Goldmann, München 1992

Über die Autorin

Annemarie Strebel lebt mit ihren vier Kindern in Luzern. Sie arbeitet seit über 20 Jahren auf dem Gebiet der Komplementärmedizin. 1994 hat sie die Fachprüfung zur anerkannten Naturheilärztin abgelegt. Seit jeher von Farben fasziniert, ist es naheliegend, daß ihr Schwerpunktgebiet die Farbtherapie ist. Farbpunktur nach Peter Mandel, E-T-D und Aura-Soma. Seit vielen Jahren unterrichtet sie den Kurs: Wirkung, Anwendung und Heilkraft der sieben Regenbogenfarben mit Tiefenentspannung und Farbvisualisation. Bekannt sind auch ihre Gesundheitstage mit Energetischer-Terminalpunkt-Diagnose.

Adressen und Bezugsquellen

Informationen und Adressen erhalten Sie im Internet unter folgender Adresse:
www.windpferd.com
Auf der Startseite unserer Homepage finden Sie die Rubrik „Service-Adressen". Diese führt zu einer Liste mit allen Büchern, zu denen uns Service-Adressen vorliegen. Wählen Sie hieraus den Titel dieses Buches.

Kontaktadresse:

Farbmeditation, Farbberatungen
Annemarie Strebel
Eigerweg 7
CH-6005 Luzern

Petra Schneider · Gerhard K. Pieroth

Engel begleiten uns

Erzengel und Erdengel sind an unserer Seite · Ein einführendes und umfassendes Handbuch über die geistigen Helfer im spirituellen und stofflichen Bereich

Engel sind Boten des Göttlichen. Diese Botschaft ist mehr als eine Information oder ein Brief, sie ist eine Berührung unseres eigenen inneren Lichtes. Sie erinnert uns daran, wie unser Leben sein könnte. Mit ihrer Hilfe wachsen wir zu unserer wirklichen Größe, entfalten unsere Fähigkeiten – und finden den Weg zu einem Leben, das wir wirklich lieben. Aufgrund ihrer eigenen Erfahrungen beschreiben die Autoren die geistige Welt der Engel, ihre Aufgaben, Kräfte und Möglichkeiten. Und sie zeigen, wie wir mit diesen kraftvollen und zugleich liebevollen Wesenheiten Kontakt aufnehmen, sie in unser Leben einladen können. Dieses Buch ist eine Brücke zu den Energien der Engel. Es vermittelt zugleich klar strukturiertes und neues Wissen.

208 Seiten · ISBN 3-89385-330-8
www.windpferd.com

Ulrike Hinrichs · Petra Schneider

Die großen Meister-Karten

Die Energie der Aufgestiegenen Meister

Das Set mit 21 wunderschön und einfühlsam illustrierten Karten weist den Weg zu den Aufgestiegenen Meistern.
Sie stellen eine höhere Oktave esoterischer Arbeit dar. Kommen wir in Kontakt mit ihren Energien, dann entsteht eine Verbindung zu geistigen Prinzipien, die das spirituelle Wachstum fördern.
Neben einer Anleitung zum Umgang mit den Karten und Legetechniken gibt das Deutungshandbuch ausführliche Hinweise zur Situation des Fragenden und eine Antwort mit Handlungsanweisung und weiteren Fragestellungen.
Ein Set, das viele Wege zur Selbstfindung und Selbsterkennung weist und ein spiritueller Ratgeber gleichermaßen.

64 Seiten und 22 Karten,
ISBN 3-89385-287-5
www.windpferd.com

Fons Delnooz

Energetischer Schutz

Wie man sich vor Energieverlust, verunreinigten Energien und unerwünschter Schwingungsresonanz schützen kann

Mit vielen praktischen Anleitungen
Dieses Buch ist ein Muß für Therapeuten und Patienten, die mit Energien und Körperenergien arbeiten, aber auch ein Buch für empfindsame Seelen, die beruflich oder privat viel mit Menschen zu tun haben. Energieverlust sowie die Aufnahme verunreinigter Energien und Schwingungsresonanzen können dazu führen, daß man immer häufiger nach der Arbeit extrem müde und reizbar nach Hause kommt, kaum noch Energie für Familie und Freunde oder andere Aktivitäten aufbringen kann. Mit diesem Buch wird man lernen, Schritt für Schritt diesem Energieverlust vorzubeugen, auch im zwischenmenschlichen Energieaustausch, selbst über große Entfernungen hinweg.

144 Seiten · ISBN 3-89385-380-4
www.windpferd.com

Trudi Thali

Lichtbahnen-Heilung

Öffnung und Heilung des Lichtkörpers mit der spirituellen Meridianbehandlung

Lichtbahnen sind jene geheimnisumwobenen Energiekanäle, die wir aus dem alten Reich der Energiearbeit, dem traditionellen China, kennen. Dabei bringt die Lichtbahnen-Heilung die Energien durch sanftes Berühren des Körpers mit den Handflächen zum freien Fließen. Mit nur 14 Handpositionen ist es somit möglich, in allen Meridianen – und damit in allen Körperbereichen – das ungehinderte Fließen universeller Lebensenergie anzuregen. Dieses freie Fließen universeller Energie entlang der Lichtbahnen, die den Körper durchziehen und mit kosmischer Energie versorgen, unterstützt die Selbstheilung, lindert Beschwerden, fördert die spirituelle Entfaltung und erhöht die mediale Sensibilität.Die Lichtbahnen-Behandlungen sind sehr einfach auszuführen, vergleichbar mit jenen der Reiki-Behandlungen.

160 Seiten · ISBN 3-89385-377-4
www.windpferd.com

Walter Lübeck

Die Chakra-Energie Karten

Heilende Worte für Körper, Geist und Seele · Besonders geeignet für die Verwendung im Zusammenhang mit Aromatherapie, Bachblüten, Heilsteinen und Reiki

Die Chakra-Energie-Karten sind heilende Worte für Körper, Geist und Seele. Das Set enthält 156 Karten mit Affirmationen und Siegeln sowie ein Anleitungsbuch. Zu jeder Affirmation ist mindestens ein Hinweis auf einen besonderen Heilstein, eine passende Duftessenz und eine Bachblüte gegeben. Die Verwendung der farbenvollen Karten im Zusammenhang mit Aroma- und Bachblütentherapie, Edelstein-Anwendungen und Reiki ist ausführlich beschrieben. Die Karten unterstützen jede Form von spiritueller Heilungsarbeit.

Buch und Karten im Set
192 Seiten + 156 Energiekarten
in Buchbox · ISBN 3-89385-374-X ·
www.windpferd.com

Jürgen Pfaff

Die großen Farb-Diagnose-Karten

Farben als Spiegel von Körper, Geist und Seele. Das intuitive Farb-Selektionssystem für Farbkarten und farbige Seidentücher.

Mit den großen Farb-Diagnose-Karten können wir mehr über uns selbst erfahren. Hier dient die intuitive Wahl einer bestimmten Farbe als Spiegel unseres körperlichen, geistigen und seelischen Befindens.Die Farbe hat eine Botschaft an uns. Mit ihr erfahren wir etwas über unsere aktuelle Situation, über Hindernisse, die unserer Entwicklung noch im Wege stehen, wie wir sie auflösen können und welche neuen Möglichkeiten sich dann für unser ganzheitliches Wohlbefinden ergeben. Die großen Farbkarten dienen zudem als farbige Meditationsvorlage zu den sehr einfühlsamen Meditationen, die der Autor zu jeder Farbe entwickelt hat.

Handbuch mit 112 Seiten und
33 Farbkarten, ISBN 3-89385-349-9
www.windpferd.com